변화하는 뇌

변화하는 뇌

뇌는 춤추고 노래하고 운동하는 삶을 원한다

Neuroplasticity

한소원 지음

바다출판사

이 책을 추천하며

한소원 교수가 뇌 가소성에 관한 책을 쓰고 있다는 것을 알고
서 너무나 기뻤다. 우리는 많은 연구 프로젝트를 함께 진행했었고
그중에서 노인의 뇌인지 건강과 운동의 이점에 관한 연구는 저명
한 〈네이처Nature〉 지에 출간되기도 했다. 한 교수는 뇌과학과 인지
에 대한 광범위한 지식을 갖고 있으며, 특히 뇌 가소성이 인지 및
뇌 건강에 많은 유익을 미치는 것을 잘 알고 있다. 이 책이 뇌 가소
성의 이론적 측면뿐 아니라 일상생활에의 응용에 이르기까지 매우
중요한 기여를 할 것임을 확신한다.

— 아트 크레이머Art Kramer 노스이스턴대 심리학과 교수

불과 한 세기 전만 해도 인간의 평균 기대수명은 40세가 채 되
지 않았다. 100년 만에 우리는 두 배로 긴 세월을 살게 된 것이다.
40대 이후의 인지와 정서에 대한 연구가 점점 더 중요해지는 이유
이기도 하다. 국내의 대표적 인지심리학자인 저자는 이 책에서 '나

이 듦'이 얼마나 멋진 일인지를 심리학과 뇌과학으로 이야기한다. 저자의 말에 놀랍도록 공감이 가는 이유는 그 속에 그의 담백한 인생이 잔잔히 녹아 있기 때문이다. 변화 앞에 머뭇거리는 모든 이에게 이 책을 '강추'한다.

— **장대익** 서울대 자유전공학부 교수,
前 한국인지과학회 회장, 《다윈의 식탁》 저자

　　뇌는 객관적 세상과 우리의 주관적 경험 사이에 존재하는 큰 협곡을 이어주는 다리다. 뇌는 세상을 사진처럼 있는 그대로 마음에 전송하지 않고 각자의 상황을 고려해 최적의 '맞춤형' 경험을 조합해낸다. 이 책은 뇌가 언제, 왜 이런 마술들을 우리에게 선사하는지를 보여준다. 내용의 기본 골격은 뇌과학 연구를 다루지만, 더불어 이 책은 저자의 인생 스토리이기도 하다. 한 인간의 삶, 암 선고와 투병, 싱글맘의 라이프, 직접 겪은 안면인식장애 등…… 인생의 파도는 늘 있지만, 뇌는 결국 변화하며 적응한다는 것을 저자의 경험을 통해서 실감할 수 있다. 뇌에 대해 배우면서, 동시에 감동과 재미도 만나게 되는 일석이조의 책이다.

— **서은국** 연세대 심리학과 교수, 《행복의 기원》 저자

　　한소원 교수는 이 책에서 심리학과 뇌과학 그리고 자신의 인생에 근거해 더 나은 삶을 위한 뇌의 가능성을 탐구한다. 학습, 운동, 문화, 예술, 사회적 관계가 뇌를 어떻게 변화시키는지를 다룬 이 책

을 통해 우리 뇌의 무한한 가능성을 깨닫고 그 경이로움을 느낄 수 있었다. 늘 긍정적인 태도로 삶을 살아가는 오랜 친구인 한소원 교수에게 품어왔던 존경심은 이 책을 읽으면서 더욱 확고해졌다. 죽기 전까지 우리 뇌는 변화한다는 그의 통찰을 독자에게 전할 수 있어 매우 기쁘다.

— **리사 손** 컬럼비아대 버나드컬리지 심리학과 교수, 《메타인지 학습법》 저자

인공지능 기술이 발전할수록 뇌의 경이로움을 새삼 깨닫게 된다. 뇌는 이미 짜인 틀이 아닌 경험을 통해 계속 변화한다. 인공지능의 도약도 외부 변화에 맞서 자신을 변화시키는 뇌를 모사한 인공 신경망을 통해 이룩할 수 있었다. 이 책은 이런 우리 뇌의 본질적인 측면인 뇌 가소성이라는 아직은 좀 생소한 개념을 최신 뇌과학 연구와 저자의 개인적인 경험을 통해서 재미있으면서도 감동적으로 그려내고 있다. 나이 들수록 우리 뇌가 굳어진다는 통념을 갖고 있는 모두에게 이 책을 추천한다. 인공 신경망도 변하는데, 하물며 살아 있는 우리의 뇌는 어떠랴!

— **장병탁** 서울대 컴퓨터공학과 교수, 《장교수의 딥러닝》 저자

이 책을 추천하며 5

시작하는 글 변화와 회복을 거듭하는 뇌 10

1부   한계를 인정하면 왜 행복해질까?

삶의 유한성을 깨달을 때 생기는 일 19

눈에 보이는 것이 진실은 아니다 33

나만의 라이선스, C-카드 48

암을 이기는 심리학 62

손해 볼 줄 알아야 친구가 생긴다 69

2부   불확실함을 먹고 자라는 뇌

기억은 없어지는 것인가, 바뀌는 것인가 87

뇌는 원한다, 예측불가능의 삶을 102

뇌가 마음을 만든다 112

성공적으로 나이 드는 준비란 126

말보다 더 강력한 정서 소통 143

3부   뇌는 춤추고 노래하고 운동하는 삶을 원한다

춤을 추면 뇌가 젊어진다고?   161

뇌는 멜로디로 말한다   174

젓가락을 두드려서라도 리듬을 찾아라   185

똑똑해지고 싶은가? 운동하라   195

4부   사람은 죽기 전까지 발전한다

사회적인 뇌는 공감부터   211

스스로 회복하고 보완하는 뇌   226

학습, 뇌라는 숲에 남기는 발자취   241

아름다운 환경이 창조력을 만든다   250

덧붙이는 글 서로를 부르는 뇌   260

주   270

변화와 회복을 거듭하는 뇌

첫 번째 이야기.

이십여 년 동안 살던 미국을 떠나 한국으로 돌아온 지 딱 5년이 되었다. 오클라호마주립대학에서 교수로 일하던 시절에 나는 나보다 스무 살가량 어린 친구들을 곁에 많이 두었다. 아들뻘 되는 폴은 내 이사를 전적으로 도와주었는데, 그는 내가 한국으로 떠나기 바로 전날 댈러스로 가서 오랫동안 타던 차를 이삿짐으로 보내주었다.

그날 저녁은 오클라호마에서 대학을 마치고 댈러스에서 직장 초년생으로 일하던 그레이스를 만나 셋이서 저녁을 먹었다. 그레이스는 그날 이렇게 말했다.

"예전에 나는 나이가 사십이 넘으면 인생이 고정될 것이라고 생각했어요."

그러면서 덧붙이기를, 친하게 지내던 나를 보노라면 교수라는 직업을 가지고 있으니 이제 인생이 한 곳으로 정해졌을 것이라 생각되었다고 말했다. 그런데 이렇게 짐을 잔뜩 짊어지고 국제 이사를 감행할 정도로 새로운 출발을 시작하는 나를 그녀는 다시 본 것이다. 그레이스는 나이가 들어도 계속 새로운 것을 추구하는 일은 어렵지만 동시에 신나는 일임을 깨달았다고 한다.

계속 변할 수 있다. 아직 끝나지 않았다.

두 번째 이야기.

이 글을 쓰는 오늘은 월요일이다. 오전에 스포츠진흥원 회의가 있었고 점심시간에는 생명윤리위원회 회의에 참석했다. 회의 도중에 밥을 먹게 되면 소화가 안 되기 때문에 나는 이런 회의를 좋아하지 않는다. 하지만 수업시간을 피해서 이루어지는 대학 내의 회의는 대부분 식사시간에 열린다. 오후에는 새로 시작한 프로젝트 협약 준비를 해야 한다. 수요일에 연계전공 회의가 있고, 목요일에는 학부생 논문 발표회가 있다.

이번 주에는 수업 외에 석사학위 논문심사가 여러 건이 예정되어 있고, 다음 주에는 한 해 동안 진행된 프로젝트 결과 발표를 하러 가야 한다. 이런 일들이 즐거우면 더 좋겠지만, 나에게는 이런 일들이 솔직히 스트레스다. 어느덧 나는 다시 일에 치여서 살고 있다.

이런 일상으로 인해 내가 나름대로 찾은 해법은 '일 말고 다른 활동'이다. 매주 화요일이 되면 나는 오후 늦게 강남역에 있는 실용음악학원으로 향한다. 드럼과 베이스기타 강습이 있기 때문이다. 몇 주 전에 드럼을 가르쳐주는 선생님이 나에게 웃으며 물었다.

"요즘은 뭐 재미있는 일 없으세요?"

"여기요. 저는 여기에서 악기 배우는 게 즐거운데요."

한국으로 직장을 옮긴 이후에 자주 듣는 질문이 있다. 미국의 대학과 한국의 대학 중 어느 곳이 더 좋으냐는 질문이다. 실제로 대학에서 일하는 것은 미국이나 한국이나 비슷하다. 그렇지만 새로운 사람들을 만날 기회라든지 새로운 연구를 시작할 기회는 한국에서 좀 더 많아진 것이 사실이다.

한국에 도착해 새 직장에서의 강의나 연구활동 이외에 내가 가장 열심히 활동한 것은 다름 아닌 교수 합창단이었다. 음대 교수님의 지휘로 합창을 배우고, 함께 연습하고, 연주 영상을 유튜브에 올리고 하는 일들이 너무 즐거웠다. 사람에게 있어 예체능 활동이 얼마나 우리 뇌에 중요한가를 역설하고 다니는 이유이기도 하다.

세 번째 이야기.

비영리 단체에서 일하느라 여러 나라를 돌며 살고 있는 친구를 오랜만에 만났다. 그 친구는 아프리카의 개발도상국에서 한동안 일하다가 최근에 돌아왔고 이후 지금까지 한국에서 일하고 있는 중이다. 그 친구가 지냈던 아프리카 현지는 수시로 전기가 나가고, 기본적인 위생시설도 갖추어져 있지 않았던 곳이다. 생필품도 아쉬워서 샴푸 하나 구하지 못해 한국에서 공수해가며 조금씩 아껴 쓰면서 지냈다고 한다.

정부의 부패와 내전을 겪은 그 나라는 교육 수준이 형편없이 낮은 아프리카 개발도상국이다. 그런데 친구가 말하길 한국으로 돌아오면 갑자기 세상이 바뀌어 온 주변의 모든 것이 풍요롭고 편리하기 그지없다는 것이다.

하지만 특이하게도, 그 아프리카 개발도상국의 현지인들은 다들 행복한데 한국에 오면 사람들이 너무나 행복하지 않다고 이야기한다. 심지어 자기 역시도 한국에 있는 것이 전혀 행복하지 않다는 것이다. 이 사회가 이미 다 안정적으로 갖추어져 있어서 자신이 기여할 부분이 없으니 재미가 없는 것 같기도 하고, 한편으로는 너무 경쟁적이고 각박해서 마음의 여유가 없는 것 같기도 하단다. 도대체 왜 그런 걸까?

사람들은 누구나 행복을 추구한다. 새로운 것을 배우는 것은 의미 있는 일이고, 남을 도와주는 것은 선한 일이라고 여긴다. 우리는 아름다운 것을 추구하고 음악을 즐긴다. 운동을 하면 기분이 상쾌하다. 좋은 사람들을 만나서 함께 시간을 보내는 것이 무척이나 즐겁다. 그런데 실제 삶에서는 각자 자신의 마음속에서 가치 있다고 여기는 것을 온전히 추구하지 못한 채 사는 경우가 더 많다. 삶이 바빠서, 혹은 여러 가지 이유로 어쩔 수 없어서 등등의 이유를 대기도 한다. 결국 우리는 미래를 위하여 현재를 담보로 살고 있는 건 아닌가 모르겠다.

인지심리학을 전공하면서 뇌와 행동에 대한 다양한 연구들을 접하게 된다. 신기하게도 우리의 뇌는 우리가 추구하는 바, 가령 지적 능력, 사회적인 교류, 새로움, 아름다움, 음악과 운동 등을 위하여 디자인되어 있다. 또 미래를 상상할 수 있다는 점도 뇌의 능력이다. 심리학자들은 인간이 가진 능력 중 특히 마음속으로 시뮬레이션 할 줄 아는 능력을 높이 산다. 이것이야말로 사람과 동물을 구별할 수 있는 큰 차이이기 때문이다.

뇌과학 연구 중에 내가 가장 좋아하는 내용은 '끊임없이 변화하는 뇌'에 대한 것이다. 개인적으로 좋아하는 분야이기도 하지만, 지난 백여 년간의 뇌과학 연구사에서 가장 중요한 패러다임의 변화를 가져온 연구 중 하나다.

학습이 뇌를 변화시키고, 운동 또한 뇌를 변화시킨다는 연구가 최근 들어 많이 쏟아져 나오고 있다. 복잡한 런던 시내를 운전하는 택시 운전사들의 해마(기억과 관련된 뇌 부위)가 일반인들보다 크다는 연구는 학습과 관련된 뇌의 변화를 보여준 연구로 많은 관심을 모았다. 그런가 하면 사회성 훈련도 뇌의 구조를 변화시키는 단서가 된다는 연구도 있다. 한마디로 뇌는 고정된 것이 아니고 계속 변한다는 얘기다. 이는 그 의미를 넓혀보자면 결국 우리 인생은 결정된 것이 아니라는 얘기다.

사람들은 가끔씩 이런 말을 한다.

"저 친구는 머리가 좋아."

"나는 왜 머리가 나쁠까?"

"나이가 들어서 이제 머리가 안 돌아가."

그러나 뇌는 경험할수록 변화하고 스스로 회복한다. 노인들을 대상으로 한 연구 중에 유산소운동을 하는 것이 뇌의 백질을 늘리고 인지기능을 향상시킨다는 사실이 많은 연구 결과에서 나타났다. 나이가 들어도 뇌를 개발할 수 있다는 얘기다.

사람이 어떤 경험을 했는지에 따라 그의 뇌는 변화하기 마련이고 이는 현재뿐만이 아니라 미래까지도 바뀌게 만든다. 우리가 상상해보는 미래 역시 현재 내가 어떤 행동을 하고 어떤 경험을 가지느냐에 따라 달라질 수 있다.

1부

한계를 인정하면 왜 행복해질까?

삶의 유한성을
깨달을 때 생기는 일

초긍정인에게 찾아온 암

내가 유방암 3기 진단을 받은 것은 4년 전 가을이었다. 나는 미국 오클라호마주립대학에서 교수로 재직하고 있었다. 몇 달째 몸이 좋지 않은 느낌이 계속되어 병원을 찾아 검사를 받아놓은 시기였다. 금요일 오후 늦은 시간이었다. 연구실에서 일하고 있는데 병원으로부터 전화가 걸려왔다.

"검사 결과가…… 암이라고 나왔습니다."

가슴이 철렁 내려앉았다. 상대방의 소리에 뭐라고 대답해야 할지도 몰라서 한참 동안 전화기를 들고 아무 말도 하지 못했다. 간신히 입을 떼서 이렇게 물었다.

"그럼 이제 뭘 해야 하는 건가요?"

수화기 너머 간호사는 차분하게 설명을 해주었다.

"종양 전문의와 유방암 전문 외과의 선생님을 만나시고 치료를 시작하면 됩니다."

나는 또 한 번 입을 떼지 못하고 전화기만 들고 있었다. 무슨 말을 더 물어야 할지 몰라서 몇 마디 머뭇거리다가 전화를 끊었다. 힘이 쭉 빠진 채 앉아 있다가 연구실을 나왔지만 도저히 그 길로 집까지 갈 기력이 없었다. 그러다 학과장님의 연구실 문이 열려 있는 것을 보고 무작정 들어갔다. 학과장님은 나이 많으신, 사람 좋은 학자였다.

"병원에서 제가 암이라고 하는데요."

학과장님은 그 말을 듣고 의자에서 벌떡 일어나셨다.

"나가서 맥주나 한잔 합시다."

학교 근처에는 학과 동료들과 가끔씩 가던 '라이브러리'라는 이름의 맥주집이 있었다. 학과장님은 암에 관한 이야기는 더 이상 꺼내지도 않았다. 대신 맥주를 시켜놓고 학과에 대한 이런저런 이야기, 아니면 우리가 알고 있는 주변 여러 사람들에 대해 이야기했다. 원래 성격이 밝고 여러 사람들과 만나 이야기하는 것을 좋아하는 나였기에 그때도 나는 그곳 라이브러리 맥주집에서 마음이 다소 편해지는 것을 느꼈다. 이야기를 나눌수록 마음이 가라앉으며 좀 더 객관적으로 내게 닥친 상황을 들여다보게 되었다.

의사들을 알아보고 각종 검사를 예약하면서 한 달이라는 시간이 지났다. 병원에서는 암 덩어리가 너무 크다고 항암치료를 먼저 해서 암 크기부터 줄이고 그 후에 수술을 하자고 했다. 항암주사를 지속적으로 맞기 위해 케모포트를 몸 안에 넣는 수술부터 시작했고 그때부터 암과의 싸움이 시작되었다.

나에게 암 투병을 준비하는 일은 전쟁을 준비하는 것과 같았다. 생수를 쟁여놓고, 투병하면서 먹을 것 입을 것들을 준비하였다. 학교 수업은 어떻게 할지, 병원비는 어떻게 할지, 앞으로 인생을 어떻게 살아야 할지 계획을 세워야 했다. 사실 가장 힘들었던 것은 의지를 세우는 일이었다. 일단 어느 정도 앞으로 일어날 일에 대해 계획을 세우고나니 그 전보다는 기운이 나기 시작했다.

그 후 가족과 이웃의 도움 덕분에 항암치료를 하면서도 정상적인 생활을 겨우겨우 지속할 수 있었다. 6개월에 걸쳐 항암치료, 절제 수술, 방사선치료를 받았다. 하지만 나는 치료를 받는 동안에도 빠짐 없이 학교에 나가 강의를 계속했다.

일반적으로 유방암의 표준적인 항암치료는 3주에 한 번씩 이루어지곤 하는데, 나의 경우는 억지로 백혈구 생성을 자극하는 주사제를 맞아가며 2주에 한 번씩 이루어지는 다소 빠른 스케줄로 진행했다.

항암치료를 시작하자마자 머리카락이 놀라울 정도로 빠르게 빠지기 시작했다. 처음엔 가발을 쓴 채 강단에 서서 학생들을 가르쳤다. 하지만 시간이 지날수록 심하게 기력이 떨어져 도저히 서 있을 수 없기에 학생들에게 양해를 구한 뒤 의자에 앉아서 수업을 진행했다.

병가를 낼 수도 있었지만 암 치료 시작 전부터 마음 먹어왔던 것을 지켜야만 했다. 아무리 힘들어도 강의는 절대 빼먹지 않겠다는 것. 그 목표와 의지를 잊지 않고 있었던 것이 힘든 치료를 견디는 데 오히려 도움이 되었다. 대신, 강의 말고는 기타 학교와 관련된 부수적인 업무를 전혀 맡지 않았다. 그 때문일까. 아이러니하게도 그 학기가 교수로 일하던 10년 중에서 가장 여유 있게 지내온 학기가 되었다.

나의 수술을 맡아준 외과의사 선생님이 내게 들려준 말도 싸움을 준비하는 나에게 힘을 주었다.

"You are not sick. You just have cancer. So we will take care of it."

(당신은 아픈 것이 아니라 단지 암이 있는 것뿐입니다. 우리는 암을 해결하면 됩니다)

초긍정적인 성격인 나에게도 항암치료는 결코 쉽지 않았다. 가장 힘들었던 것은 살고 싶은 의지가 떨어지는 것이었다. 초반에는 침대에 누워서 하루 종일 뒤척이며 울기만 했다. 그러다

한 주일씩 버티다보니 이토록 힘든 치료를 제법 감당할 만해졌고 차츰 그 고통에 적응하는 것 같았다.

힘든 치료를 버티는 데에는 가까운 사람들의 도움도 빼놓을 수 없다. 로스앤젤레스에 살고 있던 친오빠가 여러 번 찾아와 도와주었다. 학계에서 존경 받는 학자인 오빠는 늘 바쁘게 일을 해야 함에도 작업용 컴퓨터는 들고 오지도 않았고, 매번 음식을 직접 해서 냉장고에 가득 채워 놓았다. 항암주사의 부작용으로 치료기간 내내 아무 것도 먹지 못하고 집안에서 거동도 못할 만큼 힘들었는데, 이런 내게 오빠가 들려주는 이런저런 경제학 이야기는 적잖은 위로가 되었다. 듣다 보면 기운이 조금씩 생기는 듯했다.

한국에 있는 평생의 절친이자 의사인 내 친구, 그리고 친언니도 내게 큰 힘이 되었다. 밤이고 낮이고 가리지 않고 연락하며 내가 어떻게 치료 받고 있는지를 실시간으로 상담해주었다. 오클라호마에서 가족처럼 지내던 교회 성도들과 친한 이웃들도 수시로 찾아와 도와주었다.

샌디에이고에 사는 친구 콜린은 크리스마스와 설 휴가라는 장장 2주에 걸친 긴 시간 동안 내내 우리 집에 와 있었다. 명절인데 가족들과 시간을 보내야 하는 것 아니냐고 내가 걱정스레 말하니, 플로리다에 있는 시댁에 안 가도 되니 더 잘된 거 아니냐는 대답이 돌아왔다. 시댁이 불편하기는 동양이나 서양이나 모두 마찬가지인가 보다.

항암치료, 그래도 일상은 변하지 않았다

완전히 회복된 것은 아니지만 그 전부터 한국으로 직장을 옮기기로 이미 계획하고 있었다. 처음 투병을 시작할 때 나는 의료진에게 6개월 후 한국으로 거처를 옮길 예정이라고 말하니, 의료진의 대답은 이사 가는 것을 미루라는 지시였다. 수술, 항암주사 치료, 방사선 치료로 구성된 유방암의 전체적 치료 스케줄을 대략 1년 정도로 잡는다는 얘기였다. 나는 이사를 미루고 싶지 않았다.

그러나 현실을 둘러보니 항암치료를 받으면서 국제 이사를 감행하는 것은 불가능해 보였다. 직장을 옮기고 오랫동안 지내왔던 삶의 터전을 바꾼다는 점도 분명 큰 스트레스가 될 것이 뻔했다. 결국 6개월간 치료를 받아본 뒤 내 몸이 회복되지 않으면 한국으로 돌아가는 것은 아예 포기하겠다고 마음먹었다.

그 해 12월 초에 미시간대학교를 다니던 딸의 졸업식이 있었다. 어떻게든 졸업식에 참석해야겠다는 마음밖에 없었다. 나는 꼭 졸업식에 갈 수 있도록 항암치료와 수술 날짜를 잡아달라고 의료진에게 간곡히 부탁했다. 감사하게도 나의 의료진은 치료도 중요하지만 개인의 삶도 중요하기 때문에 내 스케줄에 최대한 맞추어서 진행해 주겠다고 하였다.

수술하기 사흘 전에 드디어 딸의 대학 졸업식에 갔다. 항암치료로 머리는 다 빠졌고, 몇 달 동안 거의 먹지 못해서 몸은 바싹 말라버렸다. 그래도 딸의 졸업식만큼은 함께 하고 싶어 나는 꿋꿋이 가발을 쓰고 미시간으로 가는 비행기에 몸을 실었다.

딸은 졸업식에서 나와 함께 찍은 사진을 자신의 페이스북 프로필 사진으로 설정한 뒤 몇 년이 지난 지금까지도 그 사진을 바꾸지 않고 있다. 제법 글 솜씨가 좋은 내 딸이 그 당시 자신의 블로그에 써 놓은 글을 읽어보면 나와 딸아이 우리 두 사람이 그때 얼마나 앞이 막막한 두려움과 싸우고 있었는지를 여실히 느낄 수 있다.

나를 담당한 의료진과 환자인 나는 다행히 코드가 잘 맞았다. 그들은 내게, 투병 중이라고 해서 삶에서 중요한 것들을 포기해야 하는 건 절대 아니라고 말해주었다. 월요일과 수요일에 강의가 있었기 때문에 항암치료는 항상 목요일로 정해서 받기로 했다.

나의 일정은 늘 똑같이 지나갔다. 목요일에 치료를 하면 그로부터 2~3일은 죽은 듯이 누워 있을 수밖에 없었다. 그리고 일요일이 되면 억지로 몸을 일으켜 교회로 갔다. 치료 중에도 교회에서 베이스기타를 치는 일은 절대 거르지 않았다. 그리고 월요일이 되면 다시 강의를 하러 갔다.

흔히들 마음가짐이 중요하다고 말하는데 이는 치료에 있어서도 마찬가지로, 이를 증명하는 많은 연구들이 있다. 나를 담당한 종양내과 의사가 써 놓은 나의 차트에는 이렇게 쓰여 있다. 'Pleasant Asian Professor' 즉 밝고 긍정적인 동양계 교수.

수술과 방사선 치료를 마치자마자 나는 곧바로 비행기를 탔다. 마지막 방사선 치료를 받은 날로부터 정확히 이틀 후에 한국행 비행기를 탄 것이다. 한국에 정착한 초반에는 이런저런 건강 문제가 있었지만 나는 꿋꿋이 잘 적응해나갔다. 수술 후유증으로 오른팔을 쓰는 데 문제가 생기기도 했고, 방사선 치료의 후유증으로 방사선을 쏘이면서 입은 화상이 한동안 나를 괴롭혔다. 호르몬 치료의 영향으로 불면증에 시달리기도 했고, 뼈가 약해져서 걸어가다가 잠깐 발목을 삐끗한 것이 그대로 골절이 되어버렸다.

주변 사람들은 나를 안심시키기 위해, 내 약해진 몸 상태가 암 치료 후유증 때문이 아니라 단순히 노화라고 말하곤 했다. 하지만 나는 다시 암세포가 어디론가 전이될까봐, 혹시 재발되는 것은 아닌지 불안한 마음을 떨칠 수가 없었다.

한국에 돌아온 지 1년이 지난 어느 날 정기검진에서 어깨뼈에 종양이 보인다는 검사 결과를 들었다. 유방암은 완치율이 높은 암으로 알려져 있지만 그만큼 전이될 확률도 높은 암이다.

치료가 끝난 뒤 1년밖에 안 지났는데, 그새 이렇게 전이가 되었다면 당연히 오래 살 가능성은 없는 게 아닐까…… 낙심하고 우울한 상태로 며칠을 보냈다. 그때 당장이라도 죽을 것 같은 표정을 감추지 못했던 내게 딸아이가 이렇게 말했다.

"엄마! 엄마는 만약 5년밖에 못 산다고 하면 그 5년 동안 계속 울고 있을 거야?"

딸의 이 말이 마음가짐을 다시 바꾸게 만들었다. 내게 남은 기간이 얼마가 되든지 그것을 헤아리지 말고 그냥 내게 주어진 하루하루를 가치 있게 살자! 이 생각만 하게 되었다.

다시 마음을 다잡았고 나의 원래 모습으로 돌아갔다. 심지어 친구들에게 농담을 할 여유까지 생겼다. 가령, 지금 살고 있는 교수아파트가 5년만 살 수 있는 조건으로 계약되어 있는데, 내 인생이 5년 남았다고 생각하면 집값 비싼 서울에서 집 살 걱정 따위는 안 해도 되니 이 얼마나 좋은 일이냐고.

다행히도 어깨뼈의 종양은 최종 조직검사 후 악성이 아니라고 판명 났고 나는 여전히 이렇게 건강하게 살고 있다. 기쁜 일, 슬픈 일은 다 우리 삶의 일부이다. 삶은 우리가 포기하지 않을 때 지속될 것이다. 그렇게 우리에게 주어진 생명을 어떻게 살지는 우리 개개인의 선택에 따라 달라진다.

근래 들어 암은 너무나 흔한 병이 되었다. 많은 사람들이 암을 진단받는다. 치료를 받고 완치 판정을 받는 사람들도 많고,

그런가 하면 암을 이기지 못하고 세상을 떠나는 사람도 많다. 의학이 발달한 현대에도 여전히 암은 두려운 병으로 남아 있다.

그런데 참으로 특이하게도 많은 연구들에서 나타나는 결과가 있다. 암을 진단받은 후 공포와 슬픔의 시간이 지나고 나면, 오히려 암 환자들의 삶의 질이 건강한 사람들보다도 더 높다는 것이다.

죽음을 의식하는 것은 주어진 삶을 더 가치 있게 바라보도록 만든다. 성공하는 삶은 아무런 어려움 없는 편한 삶이 아니다. 내 삶에 한계가 있다는 사실을 인정하는 것은 삶을 더 소중하게 바라볼 수 있게 한다. 죽음에 대해 의식적으로 인지하고 산다는 것은 오히려 삶을 더 밝힐 수 있게끔 한다.

삶의 유한성, 목표를 바꾸게 한다

행복은 인생의 종착점이 아니라 우리의 뇌가 가지고 있는 가치를 추구하기 위한 기제다. 나이와 상관없이 앞으로 살 수 있는 날이 한정되어 있다고 생각할 때 사람들은 사회적, 정서적 목표를 더 중요한 목표로 선택하는 경향이 있다. 우리가 지금까지 살아온 날들이 길고 짧은 것이 문제가 아니라 앞으로 남은 삶을 얼마나 가치 있게 생각하느냐의 차이다. 인생에 죽음, 즉

끝이 있다는 것을 생각할 때 의미 있는 목표를 선택할 수 있고 남은 삶이 소중하다는 것을 깨닫게 된다.

스탠퍼드대학 심리학과의 로라 칼스텐슨Laura Carstensen 교수는 사회정서선택이론Socioemotional Selectivity Theory을 설명한 바 있는데, 이는 남아 있는 시간이 한정되어 있고 소중하다는 것을 알 때 더 가치 있는 삶을 살 수 있다는 내용이다.[1] 일반적으로 사람들은 늙음보다는 젊음을 당연히 더 선호하며 열심히 추구한다. 그러나 젊은이와 노인을 대상으로 한 행복의 비교 연구를 보자면 노인이 더 행복하다는 결과를 얻게 된다.

칼스텐슨 교수는 그 이유가, 인생을 무한한 것으로 보지 않고 죽음을 수시로 의식적으로 떠올리면서 자신에게 살 수 있는 날이 한정되어 있음을 생각하는 차이라고 설명한다. 우리는 영원히 살지 못한다는 것을 알고 있다. 그러나 젊을 때에는 죽음이 온다는 것을 의식적으로 생각하지 않는다. 오히려 영원히 살 것처럼 욕심을 내면서 살아가는 경우가 훨씬 많다.

칼스텐슨 교수에 따르면 나이가 들어감에 따라서 사람들은 에너지나 정신적 자원이 떨어지게 되고, 이런 변화를 보완하기 위하여 가치체계에 변화를 만든다. 젊었을 때는 커리어와 관련된 업적을 이루고, 지위와 명성을 높은 가치로 두는 경향이 있다. 스스로 지나치게 일에 대한 야심이 유난히 강한 경우가 아니라 해도 가치체계는 성취중심적인 목표를 가지고 있다. 그러나 나이가 들면서 줄어드는 에너지와 자원을 보완하기 위해 나이 든 사람들은 정서적 목표로 가치체계를 바꾼다.

예를 들면, 청년들의 경우 지금 당장 만나고 싶은 사람이 누구냐고 물어보면 정치인, 성공한 기업가, 연예인, 운동선수 등을 언급할 수 있을 것이다. 그러나 나이가 많은 어르신들의 경우 같은 질문을 던지면 대답은 달라진다. 가족들, 자녀나 손주들을 먼저 만나고 싶다는 대답이 훨씬 많다는 것이다.

가치체계가 바뀌는 것은 정서적 조절 또한 바뀌게 만든다. 아무래도 정서적 조절 능력으로 보자면 젊은이보다 노인들 쪽이 더 뛰어나다고 볼 수 있다.

인생의 목표와 가치체계, 정서적 조절, 나이와의 관계를 연구한 사회정서선택이론을 HIV(후천성면역결핍증을 일으키는 원인 바이러스) 에이즈AIDS 환자들을 대상으로 연구한 결과가 있다. 이 환자들은 나이에 상관없이 자기의 삶이 얼마 남지 않았다고 생각한다. 살 수 있는 날이 한정되어 있다고 생각할 때 이 환자들은 사회-정서적 목표를 더 중요한 목표로 선택한다. 사회-정서적 목표를 추구하는 삶이 현실적인 커리어의 성공을 추구하는 삶보다 행복의 정도가 크다는 결론이다.

결국 우리가 지금까지 살아온 날들이 길고 짧은 것이 문제가 아니라 앞으로 남은 삶을 얼마나 가치 있게 생각하느냐의 차이인 것이다. 사람들은 죽음을 강하게 인식하게 될 때 나머지 인생을 더욱 소중하고 가치 있게 살아가게 된다.

2001년 9월 11일 미국에서 발생했던 항공기 납치 사건, 흔히들 알고 있는 9.11테러로 뉴욕의 110층짜리 세계무역센터 쌍둥이빌딩이 붕괴되었다. 2996명의 사망자와 6천 명 이상의 부상자가 발생한 충격적인 사건이다. 이 사건으로 미국은 '테러와의 전쟁'을 선포하며 아프가니스탄과 이라크에서 활동하는 테러조직과 전쟁을 시작하였고, 미국 국토안보부 개설의 계기가 되기도 하였다.

9.11테러는 전 세계적으로 충격을 준 사건이지만, 특히 그 당시 뉴욕에 살고 있던 사람들에게는 사회적인 사건을 넘어 개개인에게도 엄청난 변화를 가져다주었다. 인생이 한정되어 있다는 것을 뼛속 깊이 체험한 것이다. 뉴욕이란 대도시에서 바쁘게 살면서 고향의 가족을 찾아갈 시간도 아까워하던 사람들이 비로소 가족을 돌아보게 되고, 사랑한다는 말을 더 많이 하게 되고 인생을 돌아보는 계기가 되었다고 한다.

재미있는 것은 9.11테러 이후 뉴욕의 수많은 펍이나 스포츠 바 등을 찾는 사람들이 그곳에서 과거보다 더 쉽게 애인을 만들기도 하고, 새로운 사람들과의 만남에 더욱 적극적인 풍경이 나타났다는 것이다. 이는 곧, 죽음을 의식한 계기를 경험하면서 성취 위주의 가치관에서 정서적인 가치관으로 목표가 바뀐 것이라 볼 수 있다.

우리의 삶은 한정되어 있다. 그 유한성을 인정할 때 내가 가지고 있는 시간이 얼마나 소중한지 절실히 깨달을 수 있다. 암 투병을 지나오면서 나 역시 내가 오래 살지 못할 수도 있겠구나 하는 생각을 처음으로 하게 되었다. 그러나 그 생각은 나에게 정말 가치 있는 것이 무엇인가 깨닫게 해주었다.

내 인생은 가진 것이 많아서가 아니라 가지고 있는 것들이 소중하기 때문에 행복하다 말할 수 있다. 물질이나 성공보다 주변 사람들의 소중함을 알기에 내 삶은 충분히 풍족하다.

눈에 보이는 것이
진실은 아니다

안면인식장애인의 처세술

암이라는 질병을 받기 전부터 내게는 이미 지니고 있던 증상 하나가 있었다. 바로 안면인식장애prosopagnosia가 그것이다. 장애라는 단어를 붙였지만 실상은 그저 사람 얼굴을 잘 알아보거나 기억하지 못하는 것뿐이다. 사람들은 나의 이런 증상에 대해 알게 된 뒤 저마다 한마디씩 말한다. 남들에게 너무 관심이 없거나 주의를 기울이지 않는 것 아니냐고. 어떤 이는 그냥 기억력이 나쁜 것 아니냐고도 묻는다.

솔직히 내 증상이 좀 심하긴 하다. 하루 종일 함께 동행했던 사람인데도 그를 며칠 후에 길에서 만나면 알아보지 못했으니까. 한 학기 동안 내 수업을 들었던 학생들을 길에서 알아보는 것은 아예 기대도 할 수 없는 일이다.

그렇지만 이런 내게도 장점 한 가지는 있다. 얼굴을 알아보는 것과는 달리 그 사람의 헤어스타일, 특정한 모양의 안경, 남들보다 더 네모진 얼굴형이라든가 아주 동그란 형이라든가 하는 구체적인 특징을 더 빨리 잡아내는 편이다. 그래서 내가 못 본 척하고 지나갔다거나 예의가 없는 사람이라고 오해하는 분들께 이렇게 재빨리 말하곤 한다.

"머리스타일 바꾸셔서 제가 못 알아봤나봐요. 지난번 뵈었을 땐 짧은 단발머리였는데."

그러면 상대방으로부터 디테일에 강하다고 오히려 칭찬을 받는다. 문제는 사람들의 얼굴을 보고 누구인지 바로 알아볼 수가 없다는 것이지만.

안면인식장애를 겪고 있는 유명인 중에는 미국의 인기 배우 브래드 피트가 있다. 브래드 피트는 타인의 얼굴을 구별 못하는 자신의 문제 때문에 남들로부터 거만하다는 오해를 많이 받았었다고 인터뷰에서 여러 차례 언급한 바 있다.

얼굴을 알아보지 못하는 것은 사회생활에 적잖이 불편함을 주기 때문에 내 나름대로 사람을 재빨리 알아보기 위해 여러 노력을 해보는 편이다. 사실 얼굴은 즉각 알아보지 못한다 해도 사람 자체를 알아볼 만한 단서는 많이 있다. 가령, 일단 말을 시작하면 목소리는 남들보다 더 잘 구별하는 편이다. 목소리뿐 아니라 사람들의 옷차림, 걸음걸이, 체격, 자세, 그리고 얼굴에서도 독특한 부분부분의 특징은 잘 구분해낸다.

어쨌든 많은 사람들을 한꺼번에 만나는 자리에서나, 혹은 새로운 사람들을 계속 접해야 하는 경우는 확실히 얼굴을 기억하고 구별하기가 쉽지 않다. 문제는, 지금 이 순간 친근한 표정으로 내게 말하고 있는 이 사람이 대체 누구인지를, 대화를 꽤나 오래 지속하기 전까지는 도저히 알 수 없기에 어떤 표정과 행동을 해야 할지 모르겠다는 점이다.

나는 아주 어린 학생부터 나이가 많으신 어르신에 이르기까지 만나는 모든 사람에게 존댓말을 쓴다. 지금 내 앞에 있는 이 사람이 누구인지 확실하지 않기 때문이다. 그러니 일단 아주 깍듯한 존댓말로 대화를 시작하는 게 안전하다. 그런 측면에서 보자면 존댓말이 필요 없는 영어는 내게 훨씬 수월한 언어였다. 반면 존댓말을 비롯해 아주 미묘한 수준까지 복잡하게 발달한 한국어는 눈앞의 상대와 나와의 관계가 어떠한지를 모르면 쉽게 말을 할 수가 없다. 그러니 모든 사람들에게 깍듯한 존댓말을 쓰는 수밖에 없다.

얼마 전에 고등학교 친구들과 제주도 여행을 다녀왔다. 유명한 관광지 여러 곳을 돌아다니다가 하루는 서귀포 자연휴양림을 방문하였다. 숲을 돌아보고 편안해진 마음으로 숙소로 가기 위해 버스 정류장에 도착했는데, 그때 정류장 벤치에 앉아 있는 한 사람을 보게 되었다. 꽤 낯이 익은 얼굴이었다. 그리고 금세 그가 바로 하나밖에 없는 나의 형부라는 것을 확인하였다. 나는 20여 년간 미국에서 살았기 때문에 형부의 얼굴을 자주 볼 수는 없었지만 어쩌다 가족행사 등을 통해 만나왔기에 꽤 친한 사이였다. 의사 선생님인 내 형부는 키도 크고 얼굴도 훈남 스타일로 인상이 좋은 사람이다.

뜻밖의 장소에서 형부를 만나 놀랍기도 하고 반갑기도 하여 신나게 인사를 하려 다가갔다. 그런데 형부의 옆자리에 어떤 여자가 앉아 있는 것이 눈에 띄었다. 나는 순간 너무나 당황하였다. 그리고 온갖 불길한 생각이 머릿속을 혼란스럽게 만들었다.

'저 여자는 누구지? 우리 언니 어떡하지? 의사들이 남편감으로 좋다는 것도 옛말이지, 믿을 사람 하나도 없네.'

한껏 당황한 상태로 아무 말도 못하고 있는데, 그때 옆에 있던 내 친한 친구가 형부와 그 여자 쪽으로 빠르게 다가가더니 갑자기 그들에게 인사를 건네는 것이 아닌가.

"언니! 여기서 만나다니 너무 반가워요."

이런! 형부의 옆에 앉아 있던 여자는 다름 아닌 내 친언니였다. 고등학교 친구인 내 오랜 벗은 십여 년 전에 만났던 친구의 언니를 바로 알아보는데, 정작 동생인 나는 그때까지도 당황해하고 있었다. 더구나 내 언니의 얼굴은 나와 많이 닮았는데도 알아보질 못했던 것이다. 친구가 안부를 물으면서 뜻밖의 만남에 즐거워하는 그 순간에도 나에게 언니의 얼굴은 여전히 낯설었다. 사실 형부를 알아본 것도 그냥 어쩌다 맞춘 것일 뿐이다. 내가 아는 사람일 것이라 생각하고 인사를 했다가 이상한 사람 취급을 받은 경우가 한두 번이 아니었다.

미국에 있을 때에도 예외는 없었다. 동료들도 사람 얼굴을 제대로 못 알아보는 내 특징을 알고 있었다. 그들은 완전히 다르게 생긴 사람들 사이에서도 구별해내지 못하는 나에게, 혹시 동양인이라서 서양인의 얼굴을 잘 구별해내지 못하는 것 아닐까 물었다. 그들은 이런 질문을 던지는 것이 결코 인종차별적인 생각 때문이 아니라, 지각적으로 더 익숙하고 덜 익숙한 시각의 자극을 인식하는 차이에서 오는 문제라고 설명했다. 다시 말해 순전히 학구적인 질문임을 누누이 강조하곤 했다.

그러나 나의 문제는 동양인과 서양인의 생김새 차이 때문이 아니라 그냥 얼굴을 구별하는 것 자체를 못 하는 것뿐이다. 덧붙이자면 솔직히 동양인보다 서양인의 생김새에 내가 구별할 수 있는 부분적 특색이 더 많다. 머리 색깔이나 눈과 눈썹의 모양, 혹은 수염이나 피부색 등 더 확실한 특색이 서양인의 얼굴에 더 많이 담겨 있다.

언젠가 내 과목을 수강하는 학생과 함께 엘리베이터를 탔다. 내가 먼저 말을 건넸다.

"하이, 준비 잘 되고 있니?"

"네? 무슨 준비요?"

"내일 시험인데 시험 준비 잘 되고 있느냐고."

"저…… 제가 교수님 수업을 들은 것이 1년 반 전이거든요."

"……."

잠시 당황했지만 곧바로 이렇게 마음을 다독였다. '내가 20대 초반의 비슷비슷한 또래 학생들을 많이 만나고 있잖아. 이런 직업을 가지고 있는 게 문제인 거야.'

아판타지아를 겪는 제자 이야기

사람의 시각 구조는 생존과 적응을 위해 발달되어 있다. 생물학적으로 볼 때 사람에게 가장 중요한 정보 중 하나는 다른 사람들의 얼굴이다. 뇌 구조에서 사람의 얼굴을 알아보는 시각 구조는 특화되어 있다.

얼굴 지각은 다른 물체들을 지각하는 것과는 달리 총체적으로 작동한다. 다른 물체를 지각할 때에는 각 부분들을 본 뒤 그것들을 분석하고 다시 통합하여 물체를 지각할 수 있다. 코끼리가 앞에 있다면 우선 긴 코를 보고, 부채처럼 생긴 귀를 본 다음, 크고 두꺼운 다리를 확인한 뒤 코끼리를 알아보게 된다. 집과 같은 건물은 어떨까. 먼저 집의 지붕을 보고, 네모난 창문을 보고, 현관문을 보고, 벽돌로 된 바깥벽을 본 뒤 누군가의 집이라는 것을 알게 된다.

이런 특성은 위아래가 거꾸로 된 사진을 인식하는 경우를 생각해보면 금세 티가 난다. 다른 물체들은 거꾸로 본다고 해서 그 물체가 무엇인지 알아채는 것이 똑바로 알아보는 것과 그리 크게 차이가 나지 않는다.

그러나 얼굴의 경우는 다르다. 제대로 된 얼굴 사진과 거꾸로 된 얼굴 사진을 시각적으로 처리하는 것은 질적으로 다른 시각 과정을 거친다. 거꾸로 된 사진을 처리하는 것은 다른 물체를 처리하는 것과 마찬가지로 분석적으로 처리한다. 눈의 모양이 어떤지, 코의 형태가 어떤지, 얼굴 폭에서 눈썹의 위치가 어떤지 등 부분과 부분을 분석한다.

그러나 우리가 평소 보는 방향인 똑바른 얼굴을 처리하는 것은 부분이 합쳐져서 전체가 되는 것이 아니라 총체적으로 시각 처리를 한다. 특별히 얼굴의 시각 처리에 관여하는 방추형 얼굴영역Fusiform Face Area, FFA이라는 것이 있는데, 이 얼굴영역의 손상이 안면인식장애와 관련될 수 있다는 연구결과도 있다.[2]

그런가 하면 안면인식장애를 가지고 있는 사람의 경우 똑바로 된 얼굴보다 오히려 위아래가 거꾸로 된 사진을 더 잘 구별한다는 연구도 있다. 한 가지 감각능력이 손상될 경우 또 다른 감각능력이 더 발달하는 경우처럼, 안면인식장애가 있다면 오히려 부분 부분을 분석하는 능력이 더욱 발달된다는 것이다. 거꾸로 된 사진을 더욱 잘 구별하는 능력이 이런 영향 중 하나다.

안면인식장애를 가지고 있는 사람이라고 해서 그 결핍이 의식적으로 느껴지는 것은 아니다. 우리의 시각적 경험은 뇌의 시각구조에 의해서 한정된다. 다시 말해 우리는 경험하지 못하는 것을 의식할 수 없다. 가령 사람이 자외선이나 적외선을 맨눈으로 볼 수는 없지만 그렇다고 해서 그 볼 수 없음을 의식적으로 경험하지는 않는다. 색맹인 사람들도 색맹 검사를 하거나 신호등을 구별하는 등의 특정 테스트를 거쳐야 비로소 자신이 색맹이라는 것을 알게 된다.

얼굴을 구별하는 능력도 마찬가지다. 불의의 사고로 인해 그전까지 경험하던 능력을 갑자기 상실한 경우라면 본인의 결핍을 의식적으로 느끼게 되지만, 그것과는 달리 늘 얼굴을 구별하지 못했다면 이는 특이한 경험이 될 수 없는 것이다.

또 다른 예로서 상상으로 시각적인 이미지를 머릿속에 전혀 그릴 수 없는 사람들이 의외로 많다. '아판타지아aphantasia'라고 불리는 이 증후군을 가지고 있는 사람들은 "눈을 감으면 온통 까매요"라고 말한다. 누구나 눈을 감으면 당연히 까맣지 않느냐고 할지도 모르겠다. 그러나 아판타지아 증후군을 가지고 있는 사람은 엄연히 다르다. 눈을 감고 자기 엄마 얼굴을 떠올려도,

사과를 떠올려도, 양을 떠올려도 아무 것도 그려지지 않고 그저 깜깜할 뿐이다.

이 증상을 가리켜 '마음의 눈을 잃은 증상'이라고 표현하기도 한다. 아판타지아가 있는 대부분의 사람들은 자신의 증상을 알지 못한다. 딱히 일상생활이 불편하거나 다른 사람이 쉽게 알아차리기 어려워 이 증상을 겪는 본인도 자각하지 못하는 경우가 많다.

내가 강의하는 인지심리학 수업을 예전에 수강했던 한 학생이 어느 날 내게 찾아와 말했다.

"제가 왜 남들과 다른지 이제야 알게 되었어요."

아판타지아 증후군을 겪고 있는 학생이었다. 이처럼 시각적인 상상을 못하는 사람들이 전체 인구의 5~7퍼센트 정도라 추정하고 있다. 보통 사람들의 경우 눈을 감고 시각적인 이미지를 떠올리면 뇌의 시지각 피질이 활성화되는데, 이런 증후군을 가지고 있는 사람들의 경우엔 이미지를 상상해보려 해도 시지각 피질이 좀처럼 활성화되지 않는다.

"인지심리학 강의를 듣고 학생의 증상이 어떤 것인지를 알게 된 건가요?"

"아니요. 제가 그 과목을 수강할 당시에는 공부에 관심이 없어서 수업을 자주 빼먹었어요. 아판타지아 증후군은 수업에서 들은 게 아니라 나중에서야 교재를 읽다가 알게 된 거예요."

학생은 웃으며 말을 이어갔다.

"그 전까지 저는 그냥 머리가 나쁘거나 기억력이 유난히 안 좋은 줄 알았거든요. 그래도 그 과목을 수강한 이후부터 개과천선해서 지금은 공부 잘 해요."

언젠가 그 학생이 내가 강의한 다른 과목 수업에서 프레젠테이션을 한 적이 있다. 그때 그 학생이 만든 슬라이드를 보니 전혀 정리가 안 되어 있고, 그저 하려는 말을 그대로 쭉 적어 내려간 것처럼 성의가 없어보였다. 사실 그때 나는 '똑똑한 학생이 왜 이렇게 성의 없이 프레젠테이션 슬라이드를 만들었을까' 하고 의아해했었다. 그러나 그 학생이 아판타지아 증후군을 겪고 있다는 사실을 알게 되자 그때의 슬라이드 내용이 이해될 수밖에 없었다.

이 학생은 그 후 내 실험실에서 연구보조원으로 몇 학기 내내 일하면서 나와 꽤 친하게 지냈다. 그런 그가 어느 날 자신의 꿈에 내가 나왔었다며 그것에 대해 이야기한 적이 있다. 아판타지아가 있으면 시각적으로 상상하는 것이 어려울 텐데 어떻게 내가 꿈에 나왔을까 그것이 무척 의아했다.

그가 자신이 꾼 꿈에 대해 설명해준 바는 이렇다. 꿈속에 '한 교수님'이라는 이름의 빈 공간이 있었는데 그 공간이 자기에게 말을 했다는 것이다. 이미지로 상상할 수 없기 때문에 꿈도 언어적으로 스토리를 만들어간 것이다. 다만 상상할 수 없기에 그림(이미지)은 없는 상태로 나타난다. 이 학생은 눈을 감으면 깜깜할 뿐이므로 자신이 꾸는 꿈도 시각적이지 않고 의미만 알 수 있을 뿐이다. 이 때문에 그는 자기가 시각적 상상을 못한다는 것조차 알아차리지 못한다.

우리의 의식적인 경험은 이 세상의 환경을 그대로 반영하는 것이 아니라 선택적인 일부로서 경험하게 된다. 이런 경험은 생물적 한계에 의해서 결정되는데, 우리는 이러한 경험을 곧 존재하는 세상 그대로의 모습이라고 받아들이면서 살아간다. 색맹인 사람들이 색맹 테스트를 하지 않으면 자신이 색맹인 것을 전혀 의식할 수 없는 것처럼 말이다.

경험의 진실 vs 세상의 진실

친한 독일인 교수가 언젠가 이런 이야기를 한 적이 있다. 그의 어머니는 독일에 홀로 계시는데 시력이 거의 남아 있지 않다는 것이다. 그래서인지 자신의 눈이 제대로 볼 수 있다는 걸 증명하려는 데 인생의 모든 에너지를 쓰신다는 것이다. 혼자 살림을 하고 장을 보러가고 책을 읽으며 지내신다고 한다(어떻게 책을 읽으시는지는 알 수 없다).

자녀들이 도움을 드리려 해도 워낙 독립적으로 사는 것을 원하셔서 도와드리는 것이 쉽지 않다. 한 예로, 어느 날 그 어머니가 상점에서 물건을 사 왔는데 집에 와서 보니 점원이 거스름돈을 잘못 주었다고 판단하셨다. 그길로 화를 내며 다시 찾아가 점원에게 따졌다. 하지만 점원은 자신이 맞게 거슬러 주었다고 차근차근 설명해주어도 손님이 인정하려 들지 않자 난감하기만 했다. 이 얘기를 들은 아들이, 점원이 준 거스름돈이 맞다고 아무리 설명을 해도 어머니는 받아들이지 않고 자신의 눈은 아주 잘 보인다며 거듭 말하는 것이다.

다행인 것은 이 동네에서 수십 년 동안 살아왔기에 이웃과 단골 상점 등에서 어머니에 대해 모두 잘 알고 지낸다는 점이었다. 그래서 눈이 잘 보이지 않는 상황도 모두 이해해주었고 어머니가 지금까지 살아오신 대로 여전히 혼자 독립적으로 지내시는 것이 가능했다.

이 어머니처럼 눈이 보이지 않는데도 멀쩡히 잘 보인다고 생각하는 일은 결코 드문 경우가 아니다. '안톤 증후군Anton-Babinski syndrome'이라 불리는 이 증세는 시각장애인을 포함하여 자신의 신체적 장애나 질병을 부인하는 경우를 말한다. 이 증후군의 환자 입장에서는 절대 거짓말하는 것이 아니다. 그들은 정말로 보인다고 믿고 있다. '지금 펼쳐 보이는 손가락이 몇 개냐' 하는 식의 질문을 하면 틀린 대답을 하지만, 틀렸음을 지적하면 곧바로 다른 이유를 생각해내서 자신의 답을 정당화한다.

'찰스 보넷 증후군Charles Bonnett syndrome'은 시각장애인들이 현실에 존재하지 않는 꽃, 새, 사람들 같은 시각 자극을 보게 되는 현상이다. 이런 특이한 증상을 가진 환자는 눈이나 두뇌의 시각 경로 어딘가에 손상을 입은 사람들이다. 이들은 시각을 완전히, 혹은 부분적으로 상실하였지만 그럼에도 아주 생생한 시각적 환상을 경험한다.

의외로 찰스 보넷 증후근은 전 세계적으로 많이 볼 수 있는데, 특히 녹내장, 백내장, 또는 망막병을 앓고 있는 많은 사람들이 이런 증상을 경험한다. 이 증후군을 가진 사람들은 자신의 경험을 남에게 말하기를 꺼리는 경향이 있다. 눈이 보이지 않는 환자가 방 안에 꽃이 가득 피어 있는 것이 보인다고 말하면 아마도 가족들은 치매를 의심할 테니 말이다.

그런가 하면 공감각자들도 적잖이 만날 수 있다. 공감각synesthesia이란 둘 이상의 감각을 하나로 혼합하여 경험하는 것이다. 추상화 미술로 잘 알려진 예술가 칸딘스키Wassily Kandinsky가 공감각자로 알려져 있다. 칸딘스키는 자신의 많은 그림들에 번호를 매겨서 '컴포지션composition'이라고 이름을 붙였다. 마치 음악을 작곡하듯이 그림을 그린 것이다.

혼합된 감각은 전반적인 감각인 경우도 있지만 숫자나 활자와 같이 구체적인 경우도 많다. 공감각자들은 음악을 촉각으로 느끼기도 하고, 숫자와 색을 함께 경험하기도 하며, 맛과 모양을 동시에 경험하기도 한다. 공감각은 병도 장애도 아니며, 이러한 공감각을 경험하는 사람들은 의외로 많다.

심리학을 가르치면서 수업시간에 이런 예를 설명하면, 가끔씩 어떤 학생들은 "다른 사람들도 모두 그런 것 아니에요?" 하며 놀라워할 때가 있다. 공감각은 뇌의 감각부위들의 교차가 증가하면서 혼합된 의식적 경험을 하는 것이다. 따라서 공감각 역시 우리의 생물적 한계 내에서 겪는 의식의 범위이다. 이를 경험하는 공감각자들에게는 자신이 체험하는 감각이 곧 현실이 된다.

내가 안면인식장애가 있다고 사람들에게 설명하면 대개 비슷한 질문들을 해온다. 상대방 얼굴이 텅 비어 보이는 것이냐, 얼굴을 보자마자 잊어버리는 것이냐 등등. 그러나 나는 그런 결핍을 전혀 의식하지 못하며 살고 있다. 나의 시각능력 자체에는 아무런 이상이 없다. 남들처럼 얼굴을 바로 알아보거나 기억하지 못할 뿐이다.

예를 들어, 강아지나 고양이를 키우면 자신의 반려동물은 다른 강아지나 고양이들 틈에 있어도 쉽게 알아볼 수 있다. 그렇지만 진돗개 100마리가 운동장에 있다면 그 한 마리 한 마리가 다르게 생긴 것을 구별하는 것은 사람 100명을 구별하는 것보다는 쉽지 않을 것이다. 장미꽃이 100송이가 있다면 그 꽃들이 세밀히 관찰했을 때 정확히 똑같이 생기지는 않았을 것이다. 그렇다고 해서 그 한 송이 한 송이가 다 다른 것을 정확히 구별할 줄 아는 것은 장미꽃 전문가가 아닌 이상 결코 쉽지 않다. 하지만 어떤 장미는 빨간색이고 또 하나는 노란색, 다른 것은 흰색이라면 그 색의 차이로 각각의 장미를 쉽게 구별할 수 있다.

인간의 감각과 지각 경험은 이 세상의 환경을 그대로 반영하는 것이 아니라 각자의 의식적 경험이 선택한 일부일 뿐이다. 우리가 의식적으로 경험하는 시각적 스펙트럼은 세상에 존재하는 빛 중 아주 일부일 뿐이다. 우리의 경험은 생물적 한계에 의해서 결정되고, 우리는 이러한 경험이 곧 세상 그대로의 모습이라고 받아들이면서 살아간다.

감각기관과 뇌의 활동을 통해 경험하는 것은 이 세상에 존재하는 것 그대로를 처리하는 것이 아니다. 감각 경험은 환경과 뇌의 협업이라고 할 수 있다. 내 눈에 보이는 것은 세상의 진실이 아니라 내 경험의 진실인 것이다.

그렇기에 우리가 꼭 알아야 할 사실이 있다. 다른 사람들이 경험하는 세상은 내가 경험하는 세상과 다르다. 내가 이해하는 세상을 통해 다른 사람을 정확히 이해한다고 결코 자신해서는 안 된다. 이는 큰 오해다.

나만의 라이선스,
C-카드

'암환자예요'라고 표현하는 방법

몇 년 전엔가 필요한 자료를 찾던 중 유명한 뇌과학자인 미국 어느 여성 교수님의 동영상을 발견하였다. 뇌의 기능적 영역을 설명하는 강의 동영상이었다. 이 동영상은 학생들 앞에서 이루어진 실제 수업을 그대로 찍은 것이었는데, 나는 영상을 보다가 깜짝 놀라고 말았다. 뇌의 구조와 기능을 설명하다가 그 교수님은 말했다.

"여러분, 뇌의 영역이 어디가 어디인지 아시겠어요? 우리 머리에 머리카락이 덮혀 있으니까 어디인지 잘 모르시겠죠?"

교수님이 말을 마치자 이윽고 강의실 문을 열며 헤어드레서

한 명이 들어왔다. 그 헤어드레서는 의자에 앉은 교수님에게 다가가 그녀의 머리카락을 순식간에 싹 다 밀어버리는 것이었다. 하얗고 매끈한 맨머리가 드러나자 교수님은 검정 마커를 들고 하얀 자신의 맨머리에 선을 그리기 시작했다. 뇌의 영역을 나누기 위한 그림이었다. 각각의 영역에 해당하는 이름들도 적었다. 앞쪽은 전두엽, 위쪽 옆은 두정엽, 그리고 중간에는 운동영역을, 그리고 머리 뒤쪽에는 시각영역이라 쓰는 등 이름과 기능을 연결하여 설명하였다.

나는 동영상 속 교수님이 현재 암 투병 중이라는 것을 바로 알아차릴 수 있었다. 항암치료를 하면 대부분 환자들의 머리카락은 어차피 빠지기 마련이다. 기왕 이렇게 머리카락이 빠질 거, 그렇다면 수업시간에 드라마틱한 장면으로 강의를 하면 학생들이 얼마나 확실하게 배울 것인가. 아마도 그녀는 이렇게 생각하지 않았을까.

나와 친한 교수 한 명이 바로 이 교수님의 제자였음을 기억하고, 과거의 스승인 교수님께 안부 연락을 드려보라고 말해보았다. 그녀의 근황이 걱정되기도 했다. 며칠이 흘러, 그분께서 역시나 암 투병으로 힘든 시간을 보냈다는 소식을 들었다. 다행히 연락을 드린 요즘 시기에는 무사히 잘 회복하고 계시다는 기쁜 소식을 듣게 되었다.

이 수업 동영상을 본 뒤 '역시 대가는 다르구나' 하고 감탄하지 않을 수 없었다. 고통스런 자신의 암 투병하는 모습을 이렇게 극적으로 만들어 강의에 활용하시다니, 수업을 효과적으로 진행하기 위해 저렇게 자신을 내어놓으시다니…… 그리고는 내 자신이 이래서 대가가 될 수 없구나 하는 생각까지 들었다.

머리가 빠지는 것은 암 투병의 결과가 낳은 가장 힘든 일 중 하나였다. 육체적 고통이 겉으로 표현되는 머리 빠지는 일은 곧 고통의 상징 그대로를 담고 있기 때문이다.

"머리는 다시 나. 그건 중요하지 않아."

옆에서 아무리 그렇게 말해도 달라지지 않았다. 어느 누구도 암이 완벽히 치료된다고 보장할 수 없다. 완치율이 다소 높은 암이지 않느냐고 남들이 아무리 말해주어도 위로가 되지 않는다. 암으로 죽는 사람은 여전히 많다. 나의 병을 객관적인 통계수치로 결론 낼 수는 없는 것이다.

치료를 시작하려던 때에 나의 주치의였던 인도계 여성 의사는 항암치료로 인해서 머리숱이 적어지는 것뿐이지 머리가 완전히 빠지지는 않는다고, 그러니 너무 걱정하지 말라고 했다. 그런데 사실 나의 항암치료에 사용된 약은 100퍼센트 머리가 빠질 수밖에 없는 약이었다. 나이가 지긋한 간호사가 말하길 자기가 20년 동안 암병동에서 일했는데 이 약을 써서 머리가 안 빠진 환자는 한 명도 없었다고, 그런 희망은 가지지 말라고 나에게 넌지시 말해주었다.

첫 번째 항암치료가 끝난 뒤 머리카락이 예상했던 것보다 더 한 움큼씩 걷잡을 수 없이 빠지기 시작했다. 항암치료란 것은 간단하게 말해서 암세포를 죽이기 위한 약물을 쓰는 것이다. 그런데 암세포만을 정확히 찾아내어서 죽이는 것은 현재의 의학기술로선 어려운 일이기에 정상적인 세포까지 공격받을 수밖에 없다.

특히 암세포는 정상세포와 달리 빨리 자라기 때문에 이처럼 빨리 자라는 세포를 표적으로 삼는 약물인 경우가 많다. 그런데 신체 중 머리카락을 자라게 하는 세포가 빨리 자라는 세포이기 때문에 항암치료로 인한 영향을 이토록 직접 받는 것이다.

첫 번째 항암치료를 받고 2주 후 두 번째 항암치료를 위하여 병원을 찾았다. 주치의는 내 얼굴을 보자마자 첫 마디를 뗐다.

"어? 아직 머리카락이 있으시네요?"

그 의사는 당연이 머리가 빠질 것을 알고 있었지만 암 때문에 절망하는 환자에게 굳이 머리카락이 다 빠진다고 말할 필요는 없다고 생각했던 것 같다. 생각해보면 그것은 맞는 판단이었다. 처음에 암 선고를 받았을 때는 너무나 충격을 받아 정신을 차릴 수 없었지만, 시간이 지남에 따라 나는 하루하루 이 사실에 적응해 나갔고 나의 달라진 상황에 대해서도 받아들이기 시작했다.

그 당시 나는 사람에게 있어 머리카락이 있다는 것이 얼마나 중요한지를 절실히 느꼈다. 여배우들이 영화나 드라마 같은 작품을 위해서 머리를 삭발하는 경우가 간혹 있는데, 그럴 때 머리카락을 모두 밀었는데도 예뻤던 배우들은 정말로 기가 막히게 예쁜 사람이 아닐 수 없다.

머리카락이 없는 내 얼굴을 보는 것은 정말이지 너무나 힘들었다. 더구나 항암치료로 인해 머리카락이 다 빠진 상태로 사는 것은 내 자신이 중한 병을 가지고 있다는 사실을 계속 의식하게 만든다.

어느 날 나는 우리 집 화장실에 있는 거울을 포스터 보드로 막아놓았다. 차마 내 얼굴을 보고 싶지 않았다. 거울뿐 아니라 주방에 있는 냉장고의 매끈한 표면으로 얼굴이 비치기도 하고 전자레인지의 표면에도 얼굴이 비치는 것이 보였다. 나는 얼굴이 비칠 수 있는 모든 표면에 종이를 붙여서 가려놓았다.

머리카락이 걷잡을 수 없이 빠지기 시작할 때 나는 체념하듯 미용실에 가서 머리를 다 밀어달라고 했다. 나와 친했던 미용사는 울면서 내 머리를 밀어주었다. 가발을 쓰고 다니는 날도 있었고 어떤 날은 모자를 쓰기도 했다. 그때 갖고 있던 가발이 네 개씩이나 있었던 것 같다.

본격적으로 항암치료를 시작하기 전에 학교와 이웃, 그리고 교회의 몇몇 분에게만 내 병에 대해 이야기했다. 교회의 집사님 한 분이 옷이나 가발 등을 파는 비즈니스를 하시는 분이었는데 어느 날 그분이 내게 조심스럽게 말을 꺼냈다.

"우리 가게에 지금 교수님 머리 스타일이랑 거의 비슷한 가발이 있는데…… 그걸 하나 갖다 드려도 될까요?"

그분은 당시 내 머리 스타일과 정말 똑같은 가발을 가져오셨고, 그것뿐만 아니라 재미로 쓰라며 펑크 스타일의 가발도 덤으로 들고 오셨다. 투병 중에는 부작용으로 몸 전체가 통증으로 괴로웠는데 특히 가발이 두피에 닿기만 해도 아파왔다. 그렇지만 나는 차츰차츰 이 상황에 적응해나갔다.

9월부터 시작한 항암치료, 수술, 방사선 치료까지 마치고 2월 말에 한국으로 옮겨와서 3월 초부터 새 직장에서 일하기 시작했다. 그때부터 머리카락이 다시 나기 시작했다. 몇 달을 더 가발을 쓰고 다녔지만 여름이 시작되면서 너무 덥고 땀이 차올라 더 이상 가발을 쓰고 다니기가 힘들어졌다. 과감히 가발을 벗고 짧은 상고머리로 다니기 시작했다.

상고머리로 다니기 시작하면서 나의 암 투병 이야기를 SNS에 처음으로 올렸다. 짧은 상고머리를 한 내 얼굴 사진도 같이 올렸다. 주변 사람들은 짧은 머리가 너무 잘 어울린다며 칭찬해주었고, 투병하느라 고생했다고 힘을 북돋아주기도 했다. 이 사진을 올리기 위해서 열심히 화장도 해보고, 사진도 수십 장을 찍어서 그중 가장 나은 것을 고르는 등 열정을 부렸다. 지금 그 사진을 보면 그때 나는 너무나 마른 몸을 가진, 여전히 병마와 싸우고 있는 불안한 모습이었다.

몇 년이 지난 지금의 내 머리카락은 제법 길다. 대학시절 이후 한 번도 해보지 못한 스타일이다. 내 머리카락이 이렇게 잘 자라는 것이 꽤나 신통하게 여겨져 도저히 아까워서 자르지 못하고 있다.

내 옆엔 사람들이 있었다

암 선고를 받자마자 내가 맨 처음으로 이 사실을 알린 사람은 공교롭게도 두 명의 의사다. 한 사람은 한국에 있는 내 친언니, 그리고 오래된 내 친구였다. 문자 한 줄로 짧게 전했다.

'암이래.'

한국이랑 시차가 있으니 그들이 곧바로 문자를 확인할 수 없음을 알고, 나는 머릿속이 텅 빈 것처럼 멍하니 앉아 있기만 했다. 그러다 학과장 교수님과 학교 밖으로 나가 이런저런 얘기를 하면서 마음을 추스르고 집에 돌아왔다. 치료를 미국에서 해야 하나, 한국에서 해야 하나, 치료비는 또 어떻게 하나, 내가 혼자 버틸 수 있을까…….

소식을 듣고 걱정 가득한 목소리로 연락한 언니와 친구랑 차례로 통화를 하고, 캘리포니아에 사는 오빠와 올케언니에게도 알렸다. 친한 친구와 친한 이웃들에게도 이 상황을 이야기했다. 다니던 교회의 목사님께도 이메일을 보냈다. 어디서부터 무엇을 해야 하는지 전혀 감이 오지 않는 상황에서 그저 걱정해주는 주변 사람들과 통화를 하며 밤을 새웠다.

딸에게 말하는 것이 가장 어려웠다. 엄마는 괜찮을 거다, 도와줄 사람들이 많이 있으니까 걱정하지 말아라. 그러자 나 못지않게 긍정적인 딸이 씩씩하게 대답한다.

"엄마 괜찮아. 치료 받으면 되는 거잖아. 괜찮아, 엄마."

사실 지금 생각해보면 딸에게 있어 가족이라고는 나와 단둘뿐이었다. 그런 내 딸이 엄마의 암 진단 소식을 듣고 당시 얼마나 무섭고 외로웠을까.

주변에 유방암 수술을 했다는 분에게 정보를 얻어 오클라호마 대학병원의 유명한 유방암 전문 외과의사 한 분을 알아두었다. 다음날 전화를 걸어 담당 간호사와 통화를 했다. 능력 있고 효율적이었던 그 간호사는 CT 촬영과 MRI 검사 날짜, 그리고 유방암 전문 외과의사와 진료 상담 스케줄까지 신속하게 날짜를 잡아주었다. 게다가 암 진단을 받은 환자이므로 외과의사뿐 아니라 이후에 종양내과 의사의 진료도 받아야 하므로 그 스케줄도 마찬가지로 잡아주었다.

암 제거 수술이 아닌, 항암주사를 맞기 위한 수술을 해야 하는 줄은 생각지도 못했다. 항암 치료약이 워낙 독해서 케모포트라는 기기를 몸 안에 삽입하기 위한 수술이라는 것이다. 이 기기를 몸 안에 박아서 혈관에 연결시키고 그 포트에 굵은 주사바늘을 꽂아 항암약을 주입하는 방식이다. 본격적으로 치료를 시작하기 전에 이런 사전 준비만으로도 두어 달이 걸렸다.

세상 모든 엄마들이 그러하겠지만 나 또한 암 선고를 받았을 때 가장 처음으로 떠오른 사람은 단연 내 딸이었다. 그때는 딸이 대학의 마지막 학기를 막 시작하던 시기였다. 경제적으로 부담을 안고 있었던 딸은 남들보다 치열하게 공부를 하여 3년 반 만에 대학을 졸업했다. 한 학기 등록금만 해도 몇만 달러인 미국의 대학교에서 한 학기를 먼저 졸업한 것만도 너무나 대견한 일이 아닐 수 없었다.

딸은 학교 수업을 받는 와중에도 평소에 학교 카페테리아에서, 혹은 일식집에서 힘들게 아르바이트를 해오며 자기 용돈을 벌어왔다. 그런 딸이 대학 졸업반인 사실이 그나마 다행이다 싶으면서도, 당장 딸에게 물려줄 것이 아무 것도 없는데 지금 내가 죽으면 어떡하지 하는 마음에 막막하기만 했다.

내 주변에 너무나 좋은 친구들과 이웃, 동료들이 많다는 사실을 다시금 느끼는 시기였다. 정말로 믿을 수 있고 나와 우리 딸을 진심으로 아끼고 위해주는 친구들이었다. 딸이 암환자가 된 엄마 때문에 불안해하거나 힘들어할까봐 주변 친구들은 더욱 관심 있게 지켜보면서 적극적으로 도와주었다.

그들의 행동은 내게 '병도 삶의 일부'임을 알도록 해주었다. 암 덕분에 가족과 친구들이 더 자주 나를 만나러 와주었고 며칠간 함께 지내주는 날도 많았다. 치료하는 과정이었지만 나는 움직일 힘만 있으면 몸을 최대한 일으켜 외출했다. 레스토랑도 가고 쇼핑도 하며 전망 좋은 빌딩에 올라가 야경을 바라보았다.

마지막 방사선 치료가 끝난 날로부터 정확히 이틀 뒤에 나는 한국행 비행기를 탔다. 한국으로 이사를 한 것이다. 암 투병 중에 국제 이사를 한다는 것은 사실 거의 불가능한 일이었다. 이삿짐은 전문업체에서 담당해 주지만, 여행가방을 들고 비행기를 타는 것은 도저히 가능할 것 같지가 않았다. 항암치료의 부작용으로 정상적인 생활이 어려울 터인데, 한국으로 이사를 하며 새집을 정리하고 새 직장에 출근한다는 사실이 현실적으로 어떻게 가능할 수 있겠는가.

졸업한 딸이 나와 함께 하기 위해 잠시 한국에 같이 있겠다고 하지만 그 역시 아픈 엄마와 둘이서 이사하는 것 자체가 큰 부담일 수밖에 없었다. 고민 끝에 평소 가족같이 지내왔던 폴에게 비행기표를 사줄 테니까 한국으로 가는 것을 도와줄 수 있을지 물어보았다. 대학생 나이의 폴은 자기 일을 제치고 기꺼이 한국으로의 이사를 도와주었다.

폴은 이삿짐을 가득 넣은 짐꾸러미 서너 개를 혼자 들고 다니며 기본적인 생필품을 사 나르는 것도, 컴퓨터 세팅도 모두

도맡아 해주었다. 두어 주 머무는 동안 내 딸과 여기저기 정보를 알아보며 맛집을 찾아다니기도 했다. 불가능할 것 같던 국제이사는 힘든 과정이 아니라 이 아이들과 함께 여행하는 것처럼 즐거운 경험이 되었다.

질병은 왜 나의 히든카드가 되었나

나는 예전부터 오클라호마 여성합창단의 일원으로 활동해왔다. 한인 여성들로 구성된 이 합창단은 공식적인 모임은 아니었지만 1년에 한 번은 공연을 올릴 정도로 평소 열심히 연습하는 동아리 합창단이었다.

나는 항암치료를 하는 중에도 이 동아리 활동을 멈추지 않았다. 알토 파트에서 노래를 했고, 총무를 맡아서 연주회장 예약도 하고, 연습을 위한 사전 연락도 하고, 지휘자나 반주자에게 사례비를 지급하는 역할도 모두 나의 몫이었다. 암 투병을 시작할 무렵쯤은 우리가 오클라호마대학교 음대 연주회장을 빌려서 큰 공연을 하기 위해 준비하던 기간이었다.

첫 번째 항암은 연주회가 있기 3일 전에 이루어졌다. 나는 어떻게 해서든지 공연에 참가하려 마음먹었다. 하지만 항암치료 받은 다음 날부터 몸은 초주검이 되어버렸다. 노래를 하기는

커녕 침대에서 거실까지도 걷지 못하고 기어서 가야 할 만큼 정신을 차릴 수가 없었다. 너무 괴롭고 힘들어 아무것도 하지 못한 채 침대에 누워 종일 울기만 했다.

목요일에 항암을 하고 3일 뒤인 일요일에 열리는 공연에 참여한다는 것은 불가능한 일이었으나 나는 어떻게든 해보려고 기를 썼다. 서 있을 기력조차 없던 내가 무대에서 노래를 한다는 것은 불가능한 일이었다. 하지만 대신 객석에 앉아서 공연을 볼 수 있게 되어 다행이었다. 공연이 시작될 시간 즈음에 간신히 옷을 챙겨 입고, 평소 가족처럼 지내던 이웃집 엄마가 자신의 차에 나를 태워 함께 가준 덕분이었다. 기다시피 찾아간 공연장 관객석에 앉아 동료들의 공연을 보았다.

내게는 늘 정말 해야 할 작은 목표가 많았던 것 같다. 살고 싶은 의욕도 떨어뜨리는 무시무시한 항암치료 중에도 그 목표들이 있었기에 나 자신을 억지로 움직이게 했고 살아가게 했다. 나는 매주 월요일과 수요일에 강의를 하러 학교로 갔고, 목요일이면 어김없이 병원에서 항암치료를 했다. 단 하루도 강의를 빼먹지 않았다.

교회에서의 활동도 마찬가지다. 그 당시 나는 교회의 찬양 밴드에서 베이스기타를 치고 있었다. 물론 실력은 많이 못 미친다. 밴드에서 베이스기타를 칠 만큼 자신 있어서가 아니라 그냥 기본 노트를 보고 박자 맞추어 연주하는 수준이라고 보면 된다.

그래도 교회에서는 일단 성실하게 출석하는 사람은 어디서나 끼워준다. 나는 성실함으로는 어디 가서도 빠지지 않는 사람 아닌가.

암 선고를 받고서 찬양밴드의 리더에게 찾아가 고백하고 말았다. 아무래도 나는 병 때문에 이제 밴드에서 빠져야 할 것 같다고. 그러자 밴드의 리더는 눈을 껌벅껌벅하더니 아무렇지도 않게 대답한다.

"하실 수 있을 때까지 그냥 저희랑 같이 하시지요."

나는 원래 빠지지 않는 성격이다. 물론 밴드에 폐가 될까봐 그만하겠다고 말했지만, 상대방이 내가 하고 싶은 것을 계속 하라는데 마다할 성격이 아니었다.

"그럼, 할 수 있는 때까지 해볼게요."

나를 치료해주는 의료진들도 암 투병을 해야 하므로 온전히 쉬기만 하라고 절대로 말하지 않는다. 오히려 평소처럼 정상적인 생활을 하고 직장도 다닐 수 있으면 계속 다니는 것이 더 좋다고 했다. 환자도 사람이기에 병을 치료하는 것뿐 아니라 사는 것 그 자체가 중요하기 때문이다.

목요일에 항암치료를 하고 일요일 오전에 교회밴드에서 베이스기타를 쳤다. 두 달간의 항암치료를 마치고 12월 둘째 수요일에 드디어 수술을 받았다. 수술을 받은 그 주의 일요일에도 나는 어김없이 교회에서 베이스기타를 들었다. 내 수술 스케줄을 미리 알고 있던 교회 몇몇 분들은 그 주일에 내가 기타 치는 모습을 보고, 수술을 못했나보다, 면역이 너무 떨어져서 스케줄이 미뤄졌나보다, 하며 걱정하셨다고 한다.

연주할 때 쓰던 펜더 재즈 베이스기타는 원래 내 것이 아니었는데, 한국으로 떠나오기 전 목사님께서 교회에서 주는 선물이라며 나에게 그 기타를 주셨다. 손에 익었던 기타라 나는 떨듯이 좋아했다. 최근에 나는 한국에서 다시 베이스기타 레슨을 받기 시작했다. 멋진 여자 베이시스트로 밴드에서 연주하는 것이 지금의 내 목표이다.

포커게임에 히든카드가 등장한다. 우리는 히든카드를 가지고 있다가 마지막에 내놓는다. 게임의 판을 다 뒤집을 수 있는 비장의 무기로 사용할 수 있기 때문이다. 암 투병을 하면서 나에게 암은 히든카드가 되었다. 영어로 Cancer(암)의 C 자를 따서 C-카드라고 농담 삼아 말하곤 한다. 어디 가서도 암환자라 이야기하면 무사통과일 때가 많다.

이 경험으로 나는 많이 성장했다. 이 성장은 아무리 공부를 많이 해도 결코 배울 수 없었던 인생을 경험케 했다. 세상을 보는 시각도 변하게 만들었다. 절망적으로 다가왔던 암 때문에, 나는 삶의 가치가 어떤 것인지 다시금 깨달았다.

암을 이기는
심리학

사실 심리학으로 암을 이길 수는 없다. 그러나 주변 사람들은 나를 보며 암을 이겼다고 말한다. 나는 확실히 암을 이긴 것도 아니고, 앞으로 암이 재발하지 않을 거라는 보장도 없다.

그런데도 암을 이긴 것처럼 보이는 이유는 무얼까? 감히 생각해보건대, 아마도 이 병이 내 삶을 망치지 않았기 때문이 아닐까.

투병은 물론 너무나 괴로웠다. 하지만 그로 인해서 나의 삶 전체가 어두워지지는 않았다. 병이 생겼다고 해서 억울해하지도 않았다. 내 삶은 여전히 밝았고, 하루하루 나는 새로운 것을 추구하며 살았다. 여전히 새로운 사람들을 만나며 그들과 소중한 관계를 만들어갔다. 이러한 사실들만 보면 정말로 내 삶은 암을 이기고 있는 것이 맞는 것 같다.

암이나 또 다른 질병을 진단받아 낙심하고 있는 분들이 있다면 몇 가지 권하고 싶은 말들이 있다.

첫째는 상황을 있는 그대로 받아들이라는 것이다. 과장할 필요는 없지만 부인할 필요도 없다. 슬프고 낙심이 되는 것이 당연하지만 그런 감정도 그대로 인정하는 것이 정서를 조절할 수 있게 해준다. 슬픈 마음이 다소 가라앉을 때까지 시간을 두고 기다려보면 곧 행동으로 해결책을 찾을 수 있을 만큼 기운을 차리게 된다. 정서는 억제해야 하는 것이 아니라 기능하는 것이다. 정서를 조절한다는 말도 단지 지금 상황을 별것 아니라고 부인하라는 의미가 아니다.

솔직히 '긍정적으로 생각해야 한다'라는 이 흔한 말이 아무 도움도 못 될 때가 많다. 주변에서 "암, 별것도 아니야. 그냥 긍정적으로 생각해!"라고 아무렇지 않게 말하는 것을 듣는 것만큼이나 짜증나는 게 없다. 왜 암이 별것도 아니라는 걸까.

긍정적으로 생각할 수 있도록 진심으로 걱정해주고, 즐거운 일을 만들어주고, 맛있는 음식이나 필요한 물건을 챙겨주는 일 등은 분명 도움이 된다. 하지만 낙심한 사람 앞에 두고 "그냥 긍정적으로 생각해"라고 말하는 것은 장님에게 "그냥 눈을 떠" 하고 말하는 것만큼이나 아무 소용없는 말이다.

둘째는, 다른 사람 탓을 하거나 억울해할 필요가 없다는 얘기다. 질병은 한 가지만이 아닌 여러 요인이 합쳐져서 생기는 경우가 더 많다. 그러니 억지로 원인을 찾아서 무엇을 탓하는 것은 결코 도움이 되지 않는다. 남 탓을 하면서 혼자 억울해하고 울분을 품는 것은 내 아픈 상태를 더욱 악화시킬 뿐이다.

암은 큰 병이다. 이 큰 병과 싸우는 것은 여간 힘든 일이 아니다. 그렇지만 우리 삶에서 힘든 일이 비단 투병 하나뿐일까? 인간관계도 힘들고, 자녀 교육도 힘들고, 심지어 그 좋다는 연애도 힘들다. 누구나 자기의 문제가 가장 어렵고 힘들지만 상황을 바꿀 수 없다고 억울해할 수는 없다. 나는 암 투병을 하면서 왜 나에게만 이런 일이 닥치나 하며 억울해하지 않았다. 남과 비교하는 성격을 갖지 않은 것이 참으로 다행이다.

주변인들도 마찬가지다. 암환자 앞에서 누군가를, 혹은 어떤 원인을 찾아서 탓하는 일은 정말로 피해야 한다.

"스트레스를 받고 살아서 암이 생긴 거야."

"네가 먹는 것에 신경 안 쓰고, 인스턴트 음식을 먹어서 아픈 거야."

"운동을 안 해서 그렇지."

나는 워낙에 먹는 것에 까다로운 사람이었다. 유기농만 찾아서 먹었다. 인스턴트 음식은 소화가 잘 안 되어 입에도 대지 않았다. 술 담배는 전혀 하지 않는, 운동 좋아하는 사람이었다. 그런데 이렇게 암이 생겨버리고 말았다.

스트레스 받아서 병이 생겼다는 말에는 '누구 약 올리는 거냐'는 말 외에는 할 말이 없다. 스트레스를 전혀 받지 않고 살수 있는 사람이 과연 있을까? 주변에서 아무렇게나 던지는 말들이 물론 악의가 없음을 알고 있지만, 악의가 없더라도 병에 걸린 사람을 탓하는 말은 해를 끼칠 뿐이다.

셋째는, 아프더라도 사람들을 밀어내지 말길 바란다. 병이 있다고 해서 내가 큰 잘못을 한 것은 아니지만 그렇다고 벼슬을 한 것도 아니다. 아프다는 이유로 주변 사람들을 힘들게 하는 것은 내 병을 이기는 데 도움이 되지 않는다. 주변에 사랑하는 사람들이 존재한다는 것은 병을 이겨낼 수 있는 너무나 중요한 힘이 된다.

미국에서 혼자 살고 있던 나는 투병을 하면서 내 주변의 사람들이 얼마나 중요한지를 뼈저리게 느끼는 계기가 되었다. 좋은 사람들을 더 많이 만났고 더 많이 가까워졌다. 나를 진심으로 아끼는 이들과 이 힘든 시기를 함께 싸우고 견뎌왔다는 일종의 전우애 같은 것이 생겼더랬다. 지금도 그들에 대한 고마움을 잊지 않고 있다.

왜 그 시절에 사람들과 더 가까워질 수밖에 없었을까 생각해보면 내가 평소에 얼마나 일에 치여 살았었는지를 금세 깨닫게 된다. 평소에 일 위주로 살다가 투병을 하면서 사람 위주로 바뀐 것이다. 우리에게는 쉼이 필요하다. 공부건 일이건 열심히 하는 것이 미덕인 것처럼 살아온 나였지만, 그때부터 일에만 고정되었던 눈을 돌려 비로소 사람을 보게 되었다. 그것이 곧 쉼이었고 행복이었다.

넷째는, 이전과 같이 삶을 계속 살아가라는 것이다. 다시 말하지만 나는 암 투병 중에도 빠짐없이 강의를 했고, 기타를 쳤고, 쇼핑을 하러 갔다. 다른 사람들을 위해 운전을 해주기도 하고 크리스마스 파티에 사람들을 초대하기도 했다. 항암으로 머리카락이 다 빠지고 쇠약해졌지만 가발을 쓰고 딸의 대학 졸업식에 참석하기 위해 비행기를 탔다. 나에게 가장 힘이 되는 것은 딸이 엄마를 자랑스럽게 생각한다는 사실이었기에 나는 더더욱 암에게 굴복당하지 않고 삶을 지속할 수 있었다.

물론 항상 쉬웠던 것은 아니다. 처음 항암을 할 때는 살고 싶은 의욕이 없어질 만큼 힘들었고, 유방암 수술한 지 1년 만에 어깨뼈에 종양이 있다는 소견을 들었을 때는 이제 더 이상 가능성이 없나보다 하며 낙심했다. 앞으로 사는 날까지 계속 울고만 있을 거냐는 딸의 말에 다시 정신을 차리고 마음을 다잡았지만 어쨌든 기운을 내는 일 자체가 엄청난 노력을 필요로 하는 일이었다. 지속적으로 일을 하고, 놀기도 하고, 취미를 찾고, 남을 위한 봉사도 할 수 있어야 삶을 계속 살아갈 수 있는 힘이 생기는 것이다.

다섯째는, 스스로 즐거움을 찾아야 한다는 점이다. 한국에

귀국하자마자 곧바로 출근을 시작한 나는 낯선 환경에서 일에 치이고 수직적 문화에 치이면서 내 장점이라고 여겼던 재미있는 감각들이 예전처럼 빛을 발하지 못하는 것 같았다. 미국에서 강의하던 시절에는 재미있게 말하는 능력을 가졌노라고 칭찬을 자주 들어왔던 나였다.

암 진단을 받았던 초기에 큰 충격과 낙심으로 힘든 시간을 보냈지만, 이후 회복한 다음에는 다시 예전의 농담 좋아하고 재미있는 사람으로 돌아갔다. 종양내과 의사가 나의 차트에 써 놓았던 '밝고 쾌활하다'는 코멘트는 단순한 칭찬이 아니라 이 성향이 병의 진행에 큰 의미와 영향을 주기 때문일 것이다. 환자의 밝고 긍정적인 태도가 치료에 도움이 된다는 사실은 익히 알려져 있다.

밝은 태도는 마음만 먹는다고 되는 것이 아니라 행동으로 찾아야 한다. 내가 하는 말이 나의 태도를 바꿀 수 있고, 나의 표정이나 행동이 나의 마음을 바꿀 수 있다. 즐거움을 스스로 찾고 즐겁게 행동하는 것이 병을 이길 수 있는 마음을 만드는 것이다.

마지막으로, 종교를 갖는 것을 권한다. 단순히 '열심히 기원해서 병이 낫는다'는 목표와는 다른 개념이다. 암은 두렵고 투병은 외롭다. 생명의 문제는 내 의지대로 되지 않는다. 그래서인지 내게 신앙은 두려운 마음에 위로를 주었고 외로움도 느끼지 못하도록 만들었다.

개인적으로는 과학으로 종교를 설명하는 것도, 종교가 과학이 틀렸다고 말하는 것도 적절하지 않다고 생각한다. 그러나 생로병사의 문제는 원인을 따지고 통계수치를 찾는 것만으로는 모두 답을 할 수 있는 영역이 아니다. 뛰어난 의술을 가진 명의들도 치료를 할 만큼 하고 나면 이렇게 말한다.

"이제는 신의 영역입니다."

우리는 영원히 살 수 없다. 무조건 오래 살기를 바라지도 않는다. 질병이 있더라도 결코 그 병이 내 삶 자체를 망칠 수 없기에 나는 오늘도 두려움을 이겨내며 살고 있다.

손해 볼 줄 알아야
친구가 생긴다

싱글맘의 스무 명 아이들

나는 대학을 졸업하자마자 결혼과 동시에 미국으로 유학을 떠났다. 그때가 스물두 살이었다. 그리고 석사 논문을 쓰느라 정신없었던 스물네 살 때 딸아이를 낳았다. 새로운 나라에서 낯선 언어로 학위를 받는다는 것은 결코 쉬운 일이 아니었다. 일리노이에서의 유학 생활도 만만치 않은데, 너무 어린 나이에 시작한 나의 결혼 생활은 초반부터 난관의 연속이었다. 직장을 잡으면서부터 나는 본격적으로 싱글맘이 되었다.

내가 주로 살았던 미국의 중서부는 다행히 물가가 비싸지 않았다. 미국 여러 도시를 거쳐 왔지만 그때마다 대학가를 중심으로 하는 캠퍼스 타운에만 살았기 때문에 아이를 위한 교육환경도 나쁘지 않았다.

하지만 미국에서 싱글맘으로서의 삶은 정말로 녹록치 않았다. 경제적으로 심하게 쪼들리는 생활이 가장 힘들었지만, 앞으로도 내가 굶어죽지 않고 아이를 키울 수 있을까 하는 생존에 대한 불안이 매일매일 떠나지 않았다. 그 당시 한국의 법으로는 아빠가 친권을 가져가는 경우가 많아서 나도 혹시 아이를 뺏기진 않을까 하는 공포감까지 이어졌다.

그러나 이런 아픔들은 내 현실적인 상황일 뿐이지, 정작 나의 본질은 이것이 아니었다. 워낙 밝은 성격이기도 하고 새로운 것을 찾아 실행하는 것을 좋아하는 나였기에, 이렇게 한껏 처진 모습으로 사는 것은 도저히 내 가치관에 맞지 않았다.

카드 빚더미 속에서 간신히 생활이 이루어졌다. 정말 막다른 상황이 되었을 때에는 한국에 계신 부모님의 도움을 받을 수밖에 없었다. 그렇게 간신히 아이를 키우면서 학위까지 마쳤고 연구원을 거쳐 교수직으로서의 인생이 시작되었다.

내가 다니던 미국 오클라호마의 교회에서는 매년 추수감사절이 되면 감사헌금 전액을 불우이웃 돕기에 사용해왔다. 어느해였는지 그 해의 불우이웃 돕기의 대상을 '싱글맘'으로 정했다는 소식을 들었다.

딸아이는 어릴 적에 '싱글맘'이란 단어의 뜻이 '혼자 사는 멋진 프로페셔널 여성'이라고 이해하고 있었다. 그런 생각을 가진 아이가 그해 교회에서 불우이웃 돕기의 대상으로 싱글맘을 선정했다는 소식을 듣자 언짢은 마음을 표현했다.

"그럼 우리가 받아야 하는 거예요? 왜요? 싱글맘은 불쌍한 사람이 아니잖아요."

우리 딸에게 싱글맘은 불우이웃이 아니라 당당히 혼자 사는 진취적인 여성의 의미였다. 그러니 교회에서 싱글맘을 도와준다는 것이 이해되지 않았을 것이다. 딸아이가 느끼기에, 자신의 엄마는 절대로 가여운 대상이 아니기 때문이다.

싱글맘뿐 아니라 고아나 독거노인, 장애인도 불쌍히 여기는 마음보다는 오히려 더불어 사는 마음으로 도와주고픈 순수한 마음을 동반하면 되는 것이다. 특별한 계층이기 때문에 불쌍한 것이 아니라 인생의 힘든 한 때를 보내는 이에게 도움을 주고받는다고 생각해야 한다. 불우한 환경을 가진 이웃과 나누는 것이 커뮤니티의 당연한 의무이기 때문이다.

미국에서도 한국 사람들이 모인 커뮤니티는 유난히 보수적이고 말이 많다. 그래선지 나는 어른들보다는 아이들과 주로 어울리기를 좋아했고, 바쁜 직장생활로 시간이 없기도 했지만 특히나 뒷말 하는 분들과는 거리를 두고 살아왔다. 아이들을 유난히 좋아해서 딸아이와 같은 또래의 아이들이 내 친구이기도 했다.

오클라호마에 살 때 우리 집은 동네 아이들의 놀이터였다.

서울의 강남만큼이나 집값이 비싼 캘리포니아에서 살다가 오클라호마로 이사 온 나에게 그곳은 딴 세상이었다. 생각보다 저렴한 집값에 흥분한 나머지 엄청나게 큰 집을 덜컥 계약해버렸다. 넓은 뒷마당이 있었고 집 앞에 잔디가 펼쳐져 있는 미국 중서부의 전형적인 주택이었다.

아이들을 좋아하는 나는 한인 교회에서 유스그룹을 지도하는 교사로 봉사했다. 봄방학 때마다 아이들을 데리고 15인승 미니버스를 직접 운전해서 스키장으로 놀러갔고, 칼리지 투어라는 명목으로 미 동부를 일주하고 돌아오기도 했다.

우리 집은 많은 아이들의 놀이터였다. 항상 여러 아이들이 방문하여 내 집처럼 놀았고, 주말이면 스무 명 정도의 아이들에게 무언가를 만들어 먹이는 것이 일상이 되었다. 열여섯 살이면 운전면허를 딸 수 있는 미국 청소년들이라 운전을 할 줄 아는 고등학생들은 아예 우리 차 열쇠를 들고 다닐 정도였다.

우리 집은 캐슬락이라는 단지에 포함되어 있었고 그 단지에서 운영하는 커뮤니티 수영장과 공원들을 이용할 수 있었다. 사실 커뮤니티 수영장은 그 단지의 거주자들을 위한 시설이라 외부인에게는 허용되지 않았다. 하지만 아랑곳하지 않고 나는 우리 집에 자주 와서 노는 아이들이 모두 내 아이인양 여름마다 수영장에 데리고 다녔다. 집에서 걸어갈 만한 가까운 곳에 공원이 있어서 레저스포츠로 인기가 좋은 얼티밋 프리스비ultimate frisbee를 즐긴 것도 행복한 추억거리이다. 아이들은 나가서 뛰어 놀다가 우리 집으로 와서 간식을 먹고 집에 있는 드럼이나 기타를 치며 놀곤 했다.

한국인 아이들뿐만 아니라 미국 아이들도 늘 북적였다. 딸 아이가 학교 오케스트라에서 바이올린을 오래 연주했고, 고등학교 때는 투표로 당선되어 오케스트라 회장도 맡았다. 아이들이 음악이나 스포츠 활동을 할 때 모금 활동도 함께 하는 경우가 많은데, 이때 오케스트라 단원들이 직접 구운 빵이나 케이크를 팔기도 하고, 어떤 아이들은 자동차 세차로 모금을 대신하기도 했다. 이 모금 활동의 주 모임 장소도 우리 집이 단골 아지트였다. 고학년 아이들의 지휘로 하루 종일 빵이나 케이크를 구워 포장하고 리본을 달았다.

이러한 모습을 지켜본 주변의 한국 분들은 의아한 표정으로 내게 묻는다. 이렇게 수많은 아이들을 돌보려면 힘들지 않느냐고 말이다. 어떤 분들은 내가 아이들을 돌보는 방식으로 비즈니스를 한다고 오해하기까지 했다. 우리 집이 항상 아이들로 북적이는 것을 신기해하던 이웃들에게 나는 자주 "딸은 하나인데 아들이 스무 명이에요" 하고 말하곤 했다.

하지만 솔직히 내게 이 아이들은 돌보아야 할 대상이 아니라 나의 친구였다. 친구는 나이가 나보다 적을 수도 있고 많을 수도 있다. 남자일 수도 있고 여자일 수도 있다. 나와 같은 인종일 수도 있고 다를 수도 있다. 경험에 의하면 나와 비슷한 친구를 두는 것보다 조금은 다른 유형의 친구들이 많아야 더 인생이 풍요로워진다.

나의 열여섯 살짜리 친구들은 한껏 의심하고 경계하는 어른들과는 달랐다. 그들은 인생에서 정말 가치 있는 것이 무엇인지 나에게 알려주는 소중한 친구들이었다. 그들은 자기가 열정을 가지고 있는 것이 농구가 됐든, 만화 그리는 것이든, 스케이트보드가 됐든 열심히 하는 것이 그 자체로 의미가 있다는 것을 알고 있었다. 아이들과 어울리면서 나도 농구뿐 아니라 얼티밋 프리스비 게임 등 가리지 않고 앞장서서 뛰어다니며 열정적으로 참여했다.

어느 날엔가 그들과 농구 경기를 하던 중이었다. 어떤 아이가 내 앞에서 유독 주저하면서 블로킹을 못하며 주춤해하자 같은 팀의 다른 아이가 소리를 질렀다.

"야! 그냥 밀어! 봐 주지 마!"

이 아이의 말에 무척이나 기분이 좋았다. 그들에게 있어 나는 농구 경기 중 봐주어야 할 상대가 아니라 이기려고 기를 쓰며 경쟁해야 하는 상대라는 뜻 아닌가.

위 아래가 확실한 한국 문화에 익숙한 분들이 곧잘 의아해하면서 물어보곤 하였다.

"아이들이 집에 와서 어지르고 냉장고를 비우고 하면 싫지 않아요?"

"아뇨, 저는 애들이랑 노는 것이 좋은데요."

아이들이 워낙 잘 먹기는 한다. 당장 경제적으로 계산하면 당연히 손해를 보며 살고 있는 것이 맞다. 그러나 아무리 생각해도 내 인생에서 정말 의미 있는 것은 직장이나 물질이 아니라 사람이었다.

나를 "한쌤"이라고 부르던 그 아이들은 이제 어른이 되었고, 각자 결혼해서 아이를 셋씩이나 키우기도 하고, 다양한 일터에서 맡은 일을 잘 해나가며 살고 있다. 내가 한국에 있는 지금은 그저 SNS를 통해서만 소식을 듣긴 하지만 정말 이 아이들은 내게 특별한 존재들이다.

손해를 안 보려면 이기적이어야 할까?

모든 사람들이 나 같은 삶의 방식에 동의하는 것은 아니었다. 한번은 한국 여자 학생 한 명이 우리 집에서 홈스테이를 한 적이 있었다. 1년이 넘게 지냈지만 단 한 번도 설거지를 하거나 자기가 먹은 그릇을 치운 적이 없었다. 이 학생은 절대 손해 보지 않으려는 게 남달리 심했다.

어느 날엔가 다른 많은 아이들이 놀러와서 함께 식사를 했는데, 그때 내가 아이들에게 "각자 먹은 것은 각자 치우자"라고 이야기했다. 내 말을 자연스럽게 듣고 넘긴 다른 아이들과는 달리 이 학생은 꽤나 억울하다는 표정을 지어보였다. 나 역시 그녀의 표정에 황당할 수밖에 없었다. 학생에겐 식탁에서 싱크대까지 몇 발짝 그릇을 들고 가는 게 큰일이어서가 아니라, 홈스테이를 위해 자신이 치른 비용을 생각하면 그것에 합당한 서비스를 받아야 한다고 생각한 것이다. 자기 그릇을 치우는 일조차 손해라고 본 것 같다.

우리 집에서 살다가 나간 뒤 한참 뒤에 길가에서 우연히 이 학생을 만난 적이 있다. 그녀는 내게 다가와 안부를 물었다.

"선생님은 어떻게 지내세요? 계속 그 집에 사시는 거예요?"

"응, 계속 있지."

"강아지도 계속 있고요?"

"응. 페퍼도 잘 있고."

"애들이 요즘에도 계속 선생님 집으로 많이 와요?"

"응. 그렇지."

"저는 선생님처럼 손해 보면서는 안 살 거예요."

"……."

유난히 손해를 보지 않으려는 삶이 과연 좋기만 한 삶일까? 직업이 교수이기 때문에 늘 젊은 학생들을 만나고 부딪히며 살 수밖에 없는데, 그중에도 유난히 정이 안 가는 학생들을 가끔씩 목격하게 된다. 불이익에 몹시 민감하고, 어떻게든 손해를 안 보려고 기를 쓰는 학생들에게 애정이 갈 수는 없는 노릇이다.

고전경제학의 아버지로 여겨지는 애덤 스미스Adam Smith는 《국부론》에서 인간은 자신의 이익만 추구하고 합리적으로 손익 계산을 해서 의사결정을 한다고 주장했다. 1976년 진화생물학 자 리처드 도킨스Richard Dawkins는 자신의 저서 《이기적 유전자》 에서 인간은 생존과 종족번식을 추구하는, 생물학적으로 이기 적인 존재라고 설명한다.[3]

1980년대까지 학계의 주요 이론들은 인간을 움직이는 동기 가 이기적이고 합리적이라는 믿음이 팽배했다. 그러나 인간의 이기심에 대한 믿음은 최근 수많은 학문 분야에서 전혀 다른 내 용으로 반전되고 있다. 심리학, 정치학, 사회학, 행동경제학, 진 화생물학의 많은 연구들이 인간의 가장 중요한 특징을 두고 '협 동하는 사회적인 면모'라는 것을 보여준다.

잘 알려져 있는 '죄수의 딜레마'라는 경제학 게임이 있다. 이 게임에서 두 명의 죄수는 각기 다른 방에서 자백을 요구받는데 이들에게는 자백 여부에 따라 다음과 같은 선택이 가능하다.

첫째로 둘 중 하나가 배신하여 죄를 자백하면 그 배신자는 당장 풀려나고 나머지는 10년을 복역 받는다. 둘째로 두 사람 모두 죄를 자백하면 둘 다 5년은 복역을 받아야 한다. 셋째로 두 사람 모두 자백하지 않으면 둘 다 6개월만 복역한다. 이 게임의 죄수는 상대방의 결과는 고려하지 않고 자신의 이득만을 최대화 한다는 가정으로 행동하게 되는데 그럴 경우 어떤 경우든지 나 자신도 자백하는 것이 유리하다.

다른 사람이 배신하여 자백할 것이라고 가정하면 그 결과 둘 다 자백하게 되고 5년씩 복역을 해야 한다. 그렇게 되면 둘 다 자백하지 않고 6개월씩 복역하는 것보다 손해인 것이다. 이는 협력을 하는 것이 가장 유리하지만 개인적인 욕심으로 서로에게 불리한 선택을 하게 된다는 문제점을 보여주고 있다. 그러나 실험을 확대하면 사람들은 게임이론에서 예측하는 것보다 더 많은 경우에 있어 협력하는 쪽을 선택한다.[4]

죄수의 딜레마 게임을 변형하여 연구자들은 월스트리트 게임과 커뮤니티 게임도 디자인했다. 이 두 게임은 같은 게임이다. 이 연구를 진행한 연구자들은 어떤 집단의 참여자들에게는 지금 과제를 '월스트리트 게임'이라고 하였고 또 다른 집단의 참여자들에게는 '커뮤니티 게임'이라고 말했다. 이 게임에서 하는 과제는 결국 동일한 것으로, 내가 상대편과 협력을 해서 전체적으로 이득이 되는 결과를 낼 수도 있고 나 혼자만을 위한 선택을 할 수도 있다.

이 게임을 두고 '커뮤니티 게임'이라고 말하면 참여자의 70퍼센트가 전체를 위한 선택을 하였고, '월스트리트 게임'이라고 말하면 70퍼센트가 이기적인 선택을 하는 경향을 보였다. 즉 게임의 목적이 무엇인지 생각하기 나름으로 선택이 달라지는 것이다. 또 한 가지는 아무리 이 게임을 '월스트리트 게임'이라고 하든 '커뮤니티 게임'이라고 하든 간에 이 결과가 사람들이 100퍼센트로 이타적이거나 이기적인 선택을 하지 않는다는 것이 이 연구의 논점이다.[5]

사람마다 협력하는 경향이 다르고 이기적으로 행동하는 경향도 각기 다르다. 또한 얼마나 지속적인 게임이냐에 따라서 선택이 달라지기도 한다. 내가 이기적으로 행동하면 다른 상대방도 곧 거기에 맞추어 바로 이기적으로 행동패턴을 바꾸게 된다. 따라서 내가 경쟁적이고 이기적으로 행동할 때 세상이 다 나에게 경쟁적이고 이기적으로 되돌아온다는 이치와 닿아 있다.

이기적인 인간에 대한 이론이 전적으로 틀린 것은 아니다. 사람들 대부분은 자기 자신에게 유리한 것과 타인을 위한 선택 사이에서 갈등하다가 결국은 이기적인 결정을 내린 경험을 가지고 있다. 이기적인 손익계산은 우리의 의식에 항상 자리하고 있다. '이건 내가 손해인데' 하는 생각은 의사결정을 할 때 수시로 떠오르는 생각이다. 이런 상황으로 인해 우리는 소수만 이기적으로 행동하는 '커뮤니티 게임' 대신에 모두가 이기적으로 행동하는 '월스트리트 게임'과 같은 사회 시스템을 만들었는지도 모른다.

게다가 살아오면서 우리는 '인간은 이기적인 존재'라는 교육을 받고 이를 사회화했다. 외적인 동기가 있어야 행동한다는 생각에 익숙해진 사람들은 이타적인 행동을 보면 무슨 꿍꿍이가 있는 것이 아닐까 의심부터 한다. 가장 기초적인 생존의 동기만을 바탕으로 부분적인 인간 본성을 전체로 확대하는 잘못된 믿음은 사회 깊숙이 자리하고 있는 것이다.

인간의 이기심에 대한 믿음은 인류의 역사만큼이나 뿌리가 깊다. 1950~1980년의 냉전시대에 미국을 대표로 하는 자본주의와 구소련을 대표로 하는 사회주의의 대립으로 이데올로기 전쟁이 벌어졌다. 자본주의는 이윤의 극대화를 목표로 하는 이기적인 원리가 사회 전체의 경제를 향상시킬 수 있다는 것이다. 사회주의는 인간의 이기심에 대한 믿음을 바탕으로 차라리 다같이 공유함을 구조적으로 강요하는 시스템이라고 할 수 있다. 인간의 본성으로 믿어온 이기심이 정치와 제도에 이렇게 자리해왔다.

사람을 얻는다는 일

뇌과학 연구를 통해 인간의 뇌에는 협력할 때 이를 보상하는 기제가 있음을 알 수 있다. 케빈 매카베Kevin McCabe와 동료들은 '신뢰와 호혜성reciprocity'과 관련된 것으로 알려진 뇌 영역의 활성화를 연구하였다. 이 연구의 참여자 중 지속적으로 협력적인 선택을 하는 참여자들의 경우, 컴퓨터와 게임을 할 때보다 사람과 게임을 할 때 뇌의 전두엽이 더 활발하게 활동했다.[6] 전두엽은 뇌에서 고급 인지과정, 의사결정 등에 중요한 역할을 하는 부위로 알려져 있다.

그러나 비협조적인 선택을 하는 참여자들에게서는 컴퓨터와 상호작용을 하든, 사람과 상호작용을 하든 전두엽 활동에 차이가 나타나지 않았다. 개인과 개인의 협력은 서로 간의 정신 상태를 유추하게 하여 어떻게 하면 상호 이익을 공유할 수 있을까 하는 기대를 갖게 한다. 이러한 이익을 실현하는 협력적인 선택을 할 수 있는 능력이 만들어지는 것이다.

이런 행동경제학의 연구들은 사람의 행동이 개인의 이기적인 동기로만 이루어지는 것이 아니라 당장 단기간 내에 얻을 수 있는 이익보다는 좀 더 지속적으로 도움이 될 수 있는 상호작용을 하는 관계 속에서 이루어진다는 것을 보여준다.

행동경제학의 많은 게임 연구들만 보더라도 신뢰와 호혜성의 중요함을 알 수 있다. 특히 지속적인 관계에서는 이기적이냐 혹은 협력적이냐 하는 차이가 곧 상대방의 행동을 변화시키는 결과를 나타냈다.

자기만 손해 보지 않으려고 악착같이 계산하고 사는 것은 신뢰와 호혜성의 원리에 도움이 되지 않는다. 이기적인 선택만

하는 사람과는 협력적인 유대관계가 이루어지지도 않을 것이며, 절대 손해를 보지 않으려는 사람을 친구 삼을 이유가 없다.

뇌는 사회적이다. 다른 동물과 비교했을 때 인간의 뇌는 자신의 몸에 비해서 대단히 크다. 뇌과학자 마이클 가자니가Michael Gazzaniga는 지적하기를, 진화인류학적으로 봤을 때 인간의 뇌가 특별히 확장된 시기가 사회적 환경이 증가한 시기와 일치한다고 하였다.

개인의 생존을 위한 특성의 선택이 적응의 기본원리라는 이론은 오랫동안 진화생물학의 지배적인 학설이었다. 그러나 좀 더 최근의 연구들은 사회적 행동이 진화의 핵심에 자리하고 있다는 증거를 제시하게 되었고, 사회적 행동의 생물학적 기제를 강조하게 되었다.[7]

타인 의존도가 절대적인 인간의 관심사는 사회적 교류에서 발생하는 것들이고, 우리는 이러한 초사회적인 뇌를 통해 세상을 이해하고 판단한다. 기술이 발달할수록 사람에게 요구되는 능력은 공감적이고 사회적인 능력이다.

사회심리학자 소냐 리버멀스키Sonya Lyubomirsky 교수가 언젠가 내가 일하던 대학을 방문한 적이 있다. 행복에 관한 연구를 발표하면서 리버멀스키 교수는 이런 이야기로 시작했다.

"행복하고 싶으면 어떻게 하면 될까요?

한 시간 동안 행복하고 싶으면 낮잠을 자면 됩니다.

하루 동안 행복하고 싶으면 낚시를 가면 됩니다.

한 달 동안 행복하고 싶으면 결혼을 하면 됩니다.

일 년 동안 행복하고 싶으면 집을 사면 됩니다.

평생 동안 행복하고 싶으면 남을 도와주며 살면 됩니다."

리버멀스키 교수의 연구는 남을 도와주는 행동이 행복감을 높일 뿐 아니라 면역을 높인다는 것을 실험적으로 보여주었다. 이 연구에서는 학기말 시험 시간에 학생들이 하루에 한 가지 이상 남을 도와주는 실천을 하도록 요구했다. 이 실천에 참여한 학생들은 아무런 처치를 하지 않은 통제 집단보다 연구기간 동안 감기 등 아픈 경우가 드물었고 학기말 시험 기간의 스트레스를 더 원활히 조절한다는 것을 보여주었다. 결국 남을 도와주면서 사는 것이 스트레스를 조절하고 면역체계를 강화시키는 데 도움을 준다는 결론이다.

기본적인 생존이 위협 받지 않는 사회에서는 생물학적인 기본 동기만으로 사람의 행동을 설명할 수 없다. 사람들은 남에게 피해를 주지 않는 것만도 어려운 일이라고 한다. 그러나 사람은 자기중심적으로 상황을 해석하기 때문에 내가 어느 정도는 손해를 본다고 생각하며 사는 것이 오히려 공평한 상황을 만들게끔 한다.

뿐만 아니라 손해를 감수하더라도 전체적인 이득을 고려할 때 신뢰와 호혜성을 높여서 지속적인 관계를 유지할 수 있다. 단기적인 경제적 손해가 있더라도 사람을 얻을 수 있으면 그 자체만으로도 손해가 아닌 것이다. 친구가 인생을 풍요롭게 하기 때문이다.

2부

불확실함을 먹고 자라는 뇌

기억은 없어지는 것인가,
바뀌는 것인가

영원히 지워진 크리스마스

오클라호마는 겨울이라도 눈이 많이 내리진 않는다. 대신 겨울비가 꽤 내려서 그대로 얼어붙는다는 특징이 있다. 겨울에 나무들이 얼음으로 뒤덮여 있으면 정말 신비하고 아름답다. 그러나 이 얼음 눈의 엄청난 무게로 나무가 쓰러지고 집들이 부서지기도 한다는 점이 문제다. 운전하다가 얼음덩어리로 인해 쓰러지는 나무에 사고가 나기도 한다. 길이 완전히 빙판이 되어서 그대로 사고로 이어지는 일이 비일비재하다.

어느 해 1월, 눈이 얼음과 섞여서 눈사태가 난 적이 있다. 미국의 학제는 여름방학이 길고 겨울방학은 크리스마스 휴가만 있는 정도라서 수업은 1월부터 시작된다. 아이들이 다니는 학교는 길이 위험하다고 휴교를 알렸고, 동네 아이들은 학교를 안 가니 신이 나서 언덕이 있는 곳을 찾아 썰매를 타고 놀았다.

오클라호마는 산이 없고 완전히 평지라서 언덕을 찾기가 쉽지 않은데 집 주변 고속도로 인터체인지로 둘러싸인 곳에 썰매를 탈 만한 곳이 있었다. 아이들은 집에서 빨래 바구니며, 이사용 박스 등등 썰매로 쓸 수 있는 것들은 모두 들고 나와서 저마다 놀이에 빠져 있었다.

중학교 1학년이던 딸 유진이도 친구들과 같이 썰매를 타러 갔다. 내가 일하던 대학은 정상근무를 했기 때문에 그날도 어김없이 학교에서 일하고 있었다. 딸의 친구들로부터 전화가 걸려왔다. 유진이가 크게 다쳤다는 얘기였다. 정신없이 한달음에 집으로 달려갔더니 딸아이는 파리한 얼굴로 이렇게 말했다.

"여기가 어디야? 오늘이 며칠이야? 나는 왜 학교에 안 갔지?"

유진이는 불안해하면서 이렇게 똑같은 소리를 계속 되풀이하기만 했다.

친구들은 미안해하면서 나에게 상황을 설명해 주었다. 썰매를 타다가 반대편에서 전속력으로 내려오는 다른 썰매에 부딪쳐서 얼음 눈길 위를 굴렀다는 것이다. 그때 머리를 다친 딸이 일어나면서 "난 괜찮아, 난 괜찮아"라고 말하며 친구들을 안심시켰다고 한다. 그런데 이때부터 친구들이 보기에 딸아이는 정상이 아닌 듯이 보였고, 지금처럼 똑같은 소리만 되풀이하기 시작했다고 한다.

"여기가 어디지? 지금 몇 시야? 오늘이 며칠이지?"

놀란 친구들은 나에게 전화를 했고 딸을 집으로 데리고 왔다. 한눈에 보아도 타박상으로 인해 뇌진탕이 온 것 같았다. 당황스러운 맘을 가눌 길도 없이 곧바로 911에 전화를 걸었고 몇 분 내로 구급차가 도착했다. 의료 구조원들이 집으로 들어와서 몇 가지 기본 질문을 시작했다. 이름이 뭐냐, 생일이 언제냐, 오늘이 며칠인지 알겠느냐 등 의식이 바로 있는지 확인하는 질문을 던졌다.

딸의 생일이 언제냐는 질문에 정신이 없던 내가 먼저 엉뚱한 대답을 했다.

"1월 1일인데요."

딸의 생일은 9월 1일이다.

"엄마, 내 생일 9월 1일이잖아."

이 이야기를 듣고 구조원들은 아주 위험하지는 않은 것 같다고 하면서 딸을 구급차에 싣고 응급실로 향했다. 병원으로 가는 구급차 안에서도 딸아이는 계속 같은 소리를 되풀이했다.

"오늘 며칠이야? 지금 몇 시야? 여기가 어디지?"

응급실에 도착한 딸은 일단 CT 촬영을 위해 검사하러 들어

갔다. 대기실에서 불안해하며 울먹이고 있던 나에게 병원에 있던 사람들이 지나가며 위로했다. 이 병원 의료진은 최고 수준이다, 걱정하지 마라, 다 괜찮을 거다…….

한 시간 정도 지나자 CT를 찍은 딸이 의료진들과 함께 대기실로 왔다. 의사는 지금 당장 뇌출혈로 보이진 않지만 일단 지켜보자고 했다. 미세한 뇌출혈이 CT 상으로 보이지 않을 수도 있으니, 만약 뇌출혈이 있으면 바로 수술을 해서 막힌 피를 뽑아야 뇌 손상을 막을 수 있다는 얘기였다.

딸은 여전히 똑같은 소리를 반복했다.

"오늘 며칠이야? 여기가 어디지? 난 왜 학교에 안 갔지?"

"유진아, 오늘 눈 많이 와서 학교 문 닫았어. 여기 병원이야. 유진이 썰매 타다 다쳤어."

내 대답에 유진이가 처음으로 다른 말을 시작했다.

"다른 아이들은 괜찮아?"

똑같은 소리를 되풀이하는 게 겁이 났던 나는 이제 좀 괜찮아지나 보다 하고 안도하기 시작했다. 그러나 유진이는 여전히 같은 소리만 되풀이했고, 친구들 안부에 대한 질문이 하나 더 추가되었을 뿐이었다.

"오늘 며칠이야? 난 왜 학교에 안 갔지? 다른 아이들은 괜찮아?"

그래도 이제는 다른 대화가 조금씩 더 지속이 될 수 있었다.

"눈 많이 와서 학교 문 닫았어. 지금 1월이야."

"크리스마스가 벌써 지났어? 난 그때 뭐했지?"

우리는 이곳 오클라호마로 이사 오기 전에 캘리포니아 얼바인에서 3년을 살았다. 그때 유진이에게 셰리라는 친한 친구가 있었다. 우리가 오클라호마로 이사 간 것을 서운해 하던 셰리는 겨울방학을 맞아 우리 집에 놀러 왔었다.

"크리스마스 때 셰리가 놀러 왔었잖아."

"정말? 어떡하지? 난 셰리 못 만났네."

유진이는 열흘 동안 우리 집에서 묵으며 같이 놀았던 셰리의 방문을 기억하지 못했다. 그리곤 멀리까지 놀러온 셰리를 만나지 못했다고 섭섭해 했다.

몇 시간을 더 지켜보다가 병원에서는 집에 돌아가도 좋다고 했다. 그렇지만 그날 밤은 딸을 계속 자도록 두지 말고 수시로 깨워서 비정상적인 행동을 하거나 조금이라도 이상이 보이는지를 관찰하라는 지시를 들었다. 만약 그렇다면 뇌출혈의 가능성이 있으니까 바로 응급실로 다시 와야만 한다.

딸을 데리고 집에 돌아왔지만 너무 불안해서 견딜 수 없었던 나는, 평소 가족처럼 지내던 이웃집으로 갔다. 딸에게는 친언니와 남동생 같았던 이웃집 아이들은 이상한 행동을 하는지 모니터해야 한다는 병원의 지시대로 계속 유진이에게 말을 걸었다. 몇 마디 말을 시켜본 아이들은 유진이가 사고 전 한 달부터의 기억은 전혀 없다는 것을 바로 알아차렸다.

이웃집 아이들은 자기의 친구가 그 동안 배운 것을 전부 다 잊어버리고 글자부터 새로 배워야 하면 어떡하냐고 걱정하면서 나름대로 이것저것 테스트하기 시작했다.

"유진아, 초콜릿 먹을래?"

"유진아, 지구 온난화 기억나?"

초콜릿을 싫어했던 딸아이에게 초콜릿을 권해 보기도 하고, 그 전 가을학기에 학교 과제로 했던 지구 온난화 프로젝트에 대해서 물어보기도 했다. 유진이는 초콜릿은 먹지 않겠다고 했고, 지구 온난화에 대해서도 제대로 기억하고 있었다. 밤이 깊어갈수록 나는 다소 안심이 되어 아이를 데리고 집으로 왔다.

다행히 다음날 아이는 정상으로 돌아왔고 똑같은 소리를 되풀이하는 증상도 없어졌다. 그러나 크리스마스의 기억은 여전히 되돌아오지 않았다. 어젯밤 확인한 바대로 딸아이는 사고 전 한 달간의 기억을 영영 잃어버린 것이다. 친구 셰리가 방문했던 것을 기억하지 못하는 딸아이는 친한 친구를 만나지 못했다고 계속 서운해 했다. 친구의 방문은 기억에서 사라졌고, 딸에게는 그 해 겨울이 친구를 만나지 못한 시간이 되어버렸다.

영원한 서른한 살의 남자

뇌가 심한 외상을 입으면 물렁물렁한 뇌는 마치 물결처럼 계속 두개골에 부딪친다. 가장 위험한 것은 뇌출혈이 생겨서 뇌의 일부가 손상되는 것이다. 경미한 외상으로 인한 뇌의 손상은 기억이나 다른 인지과정에 큰 지장을 주지 않는다. 그러나 그 충격의 강도에 따라서 좀 더 전반적이고 영구적인 뇌 인지 손상이 있을 수 있다.

외상으로 뇌를 다치는 경우는 아기일 때가 가장 많고 노년기에 또 급격히 늘어난다. 아기일 때는 스스로 몸을 가누지 못하기 때문에 침대나 소파에 눕혀 놓았을 때 굴러 떨어지거나 어른이 안고 가다가 벽에 부딪치는 경우도 있다. 노년기에는 근력이 떨어지고 균형감각이 약해져서 넘어지는 일이 많이 생긴다.

외상을 당해서 뇌를 다치면 사고 당일에 대한 기억은 거의 돌아오지 않는다. 외상이 심하면 심할수록 사고를 당한 당시의 전후를 포함한 더욱 긴 시간에 대한 기억이 손상되기 쉽다. 기억이 아직 응고되지 않았는데 뇌를 흔들어서 기억을 지워버린 것이다. 기억이란 과거의 일을 비디오 파일로 만들어 뇌에 저장해둔 것이 아니다. 기억은 뇌의 수많은 신경세포들의 특정한 연결패턴을 강화하는 과정이다.

나의 딸이 사고 전 한 달의 기억을 잃어버렸다고 하지만, 사실 잃은 기억이 그 한 달뿐인지는 알 수 없다. 최근의 기억이 충분히 자리 잡지 못한 상태에서 뇌에 타박상을 입으면서 그 기억이 없어졌을 수 있지만 그 한 달의 기억뿐 아니라 다른 약한 기억들도 없어졌을 수도 있기 때문이다.

일반적으로 기억상실증이라고 하면 보통 과거의 일을 잊어버린 것을 생각한다. 그러나 새로운 기억을 형성하지 못하는 경우도 있다. 뇌손상으로 인한 기억상실증과 관련하여 심리학 분야에서 가장 유명한 환자는 'H.M.'이라는 약자로 널리 알려져 있는 헨리 구스타프 몰래슨Henry Gustav Molaison이다.

그는 뇌전증을 치료하기 위한 수술에서 해마라는 부위를 포함한 뇌의 일부 부위를 제거했는데 이후 새로운 기억을 만들지 못하는 기억장애가 생겼다. 헨리 몰래슨은 31살 때 수술을 받고 난 뒤 새로운 기억을 형성하지 못했을 뿐만 아니라 그후 나이가 들어가도 수술한 이후의 일들을 전혀 기억하지 못했다. 그의 기억은 31세로 고정되어 버린 것이다.

그렇지만 헨리 몰래슨은 단기 기억을 형성할 수는 있었다. 의사들을 만나서 인사를 하고 날씨와 평범한 이야기들을 충분히 주고받는 등의 행동은 가능했다. 그렇지만 의사들이 방을 떠나서 잠시 후에 다시 돌아오면 그는 좀 전에 만났던 것을 전혀 기억하지 못하고 모든 이야기를 다시 처음부터 시작했다.

해마다 나이를 먹고 늙어갔지만 수술한 당시로 기억이 고정된 헨리는 거울을 볼 때마다 나이 들어 보이는 자신의 얼굴에 깜짝 놀라곤 했다. 나중에는 머릿속의 자신과 거울 속의 얼굴이 너무 달라 우울증까지 생겼다. 헨리의 기억상실증은 단기 기억을 장기 기억으로 바꾸지 못하는 증상이었던 것이다.

헨리 몰래슨의 기억 장애는 의식적인 기억으로 한정되어 있었다. 한 연구자는 그와 처음 만나서 악수를 할 때 일부러 자기의 손에 압핀을 감추었다고 한다. 압핀을 쥔 손으로 헨리와 악수를 하면 헨리가 자신의 손이 찔린 불쾌한 기억을 만들 수 있는지를 알아보고자 함이었다.

단기 기억을 장기 기억으로 바꾸지 못하는 헨리 몰래슨이 나중에 그 연구자를 다시 만났을 때 어떤 반응을 보였을까? 당연히 그 연구자를 알아보지 못했고 처음 만난 사람인 듯 의례적인 인사를 했다.

"처음 뵙겠습니다. 반갑습니다."

그런데 악수를 하려고 그 연구자가 손을 내밀자 헨리는 악수하기를 거부했다.

"제가 지금 손이 끈적거려서 악수는 생략하지요."

그는 악수를 하고 싶지 않은 진짜 이유를 의식적으로 명확히 알지 못했지만 그 연구자와 악수를 했을 때 느낀 불쾌한 느낌은 기억하고 있었던 것이다.

연구자들이 또 한 가지 발견한 것은 헨리 몰래슨의 병원 방문에서 찾게 된다. 여러 차례 같은 병원을 다닌 그는 다음 번 방문했을 때 그 병원을 다녀간 기억은 전혀 없지만 점점 그 병원의 내부 구조에 익숙해지는 현상을 보였다. 처음에는 병원에서 매점 가는 길을 물어본 뒤 설명을 듣고도 헤매느라 제대로 찾지 못했다.

"아래층으로 내려가서 왼쪽 복도 끝까지 간 다음 오른쪽으로 돌아가시면 매점이 나옵니다."

그러나 병원을 여러 차례 방문할수록 누군가의 도움 없이 매점을 스스로 척척 찾아갔다. 어떻게 매점을 쉽게 찾았느냐고 물어보면 그는 '병원 구조가 찾기 쉽게 되어 있다' 혹은 '우연히 찾았는데 나왔다' 등의 이유를 만들어서 대답하곤 했다.

헨리 몰래슨은 새로운 운동 기술을 배우는 것도 가능했다. 그중에서 시도했던 거울 추적은 시각과 운동감각을 연결하는 운동 기술이다. 이 과제에서는 연필을 움직여 별 모양을 그리게 되는데, 손을 보지 않고 거울에 비추어진 손의 움직임만 보면서 그리는 것이다. 거울에 비추어진 움직임과 반대 방향으로 손을 움직여야 하기 때문에 그림을 빨리 그리려면 시각 자극과 움직임의 새로운 조합을 학습하는 것이 필요하다.

헨리 몰래슨은 거울 추적 연습을 여러 차례 반복했다. 그 결과 본인이 연습했음을 기억하지 못했지만 나중에는 거울만 보고도 빠른 속도로 그림 그리는 일이 가능했다. 의식적인 기억을

새로 만들 수 없었던 헨리 몰래슨도 암묵적인 기억은 만들 수
있었던 것이다.

기억은 과거형이 아닌 현재형

헨리 몰래슨이 처음 수술을 받았던 1957년부터 사망한 2008
년까지 그를 통해 기억과 뇌과학에 대한 광범위한 연구가 이루
어졌다. 연구를 통해 발견한 것은, 기억은 하나의 인지과정이
아니라는 것이다.

첫째로, 단기 기억과 장기 기억은 기능적으로 다른 인지 과
정이고 구조적으로 다른 뇌 기전을 가지고 있다는 것이다. 뇌의
해마가 담당하는 역할은 단기 기억을 장기 기억으로 전환시키
는 역할을 하는 것이고, 해마가 손상되면 그 전환이 제대로 이
루어지지 않는다. 이 발견은 단기 기억과 장기 기억이 구별되는
개념이라는 것을 말해준다. 하지만 단기 기억과 장기 기억이 구
별되는 개념이라는 것은 그 두 가지가 모든 기억을 설명한다는
의미는 아니다.

치매환자의 경우 뇌의 퇴화와 더불어 최근의 기억부터 점점
사라지는 것을 볼 수 있다. 이런 변화는 이미 장기 기억으로 전
환된 기억도 모두 같은 것은 아니라는 점을 보여준다. 즉 더 응

고된 기억과 덜 응고된 기억, 그리고 더 탄탄한 기억과 쉽게 흔들릴 수 있는 기억들이 존재한다는 것이다.

둘째로, 기억이라는 작업은 과거에 일어난 일에 대한 정보를 유지하고 저장하는 것에만 제한되는 것이 아니다. 기억은 뇌라는 컨테이너에 과거에 있었던 일들을 넣어놓는 작업이 아니라 현재의 뇌가 활동하는 작업이다.

오랫동안 같은 연결 패턴의 신경세포들이 계속 활성화될 때 그 연결은 강화되어 익숙하고 빠른 작업이 가능해진다. 이런 되풀이되는 신경세포들의 활동 흔적을 기억이라 부른다. 그렇기 때문에 헨리 몰래슨은 의식적으로 기억하지 못해도 운동기술을 배울 수 있었고, 정서적 기억에 기인한 암묵적인 기억도 만들 수 있었다.

셋째로, 해마의 손상으로 인한 기억상실은 의식적인 기억으로 제한되어 있는데, 이는 의식적인 기억과 암묵적인 기억이 다르다는 것을 보여준다. 우리의 기억이 항상 의식적으로 접근 가능한 것은 아니다. 예를 들어 우리가 흔히 근육 기억이라고 말하는 운동 기술의 기억을 알아보자. 피아노 연주를 여러 번 연습하면 의식적으로 기억하려고 애쓰지 않아도 자연스레 손가락이 알아서 건반을 친다.

스포츠를 배울 때 아무리 의식적으로 움직임을 알고 있어도 몸으로 반복해서 연습하지 않으면 제대로 움직일 수 없다. 심지어 실제로 스포츠에서 의식적으로 몸을 움직이려고 하면 오히려 움직임에 방해가 되곤 한다. 그래서 운동 시합 직전에 상대편 선수에게 미세한 움직임 하나를 지적해서 자꾸만 의식하게 만들면 그 선수로 하여금 경기 흐름을 망치게 할 수도 있다. 암묵적으로 기억하고 있는 것을 의식적으로 접근하려고 하면 그 암묵적인 기억이 표현되는 것을 방해할 수도 있는 것이다.

암묵적 기억과 의식적 기억이 경쟁관계에 있다는 가설은 스포츠에만 한정된 것이 아니다. 인지노화와 기억의 관계에 관한 연구를 보면, 인지활동에 있어 최적의 시간이 나이에 따라 차이가 많이 난다는 것을 보여주고 있다. 특히나 글을 읽고 내용을 기억하는 일에도 시간대에 따라 차이가 크게 난다.

대학생들을 상대로 기억력 검사를 하면 보통 아침 이른 시간에는 수행이 저조하다. 한마디로 아직 반쯤만 깨어 있는 듯하다. 그러나 야행성이 많은 대학생들은 밤이 가까워질수록 더 정신이 맑아지고 기억력 검사에서도 월등히 나은 결과가 나온다. 그러나 노인들을 상대로 기억력 검사를 하면 새벽에 가장 점수가 높고 저녁 때가 되면 벌써 잠자리에 들 시간인 것처럼 수행 능력이 떨어진다.

이런 차이는 노인과 대학생들에게 각각 최적의 시간이 다르다는 것을 보여주는데 사실 이런 최적의 시간은 의식적인 기억에 한정된다. 암묵적 기억은 의식적 기억이 너무 명확할 때 오히려 저조하다. 그래서 이 연구에서 보여준 기억의 패턴은, 노인들의 경우 새벽에 의식적 기억의 수행이 높고 저녁 때는 암묵적 기억의 수행이 높았다. 반면에 대학생들의 경우 새벽에는 암묵적 기억의 수행이 높고 저녁 때는 의식적 기억의 수행이 높게 나타났다.

이 연구에서 발견한 또 다른 사실이 있는데, 노인들의 기억이 대학생들에 비해 결코 떨어진다고 할 수는 없다는 것이다. 우리가 기억력을 말할 때는 주로 의식적인 기억만을 이야기한다. 그리고 기억력 검사를 새벽에 하지는 않는다. 그러다 보니 노인들의 경우 오후 늦게, 즉 의식적 기억이 가장 저조한 시간에 기억력 검사를 하게 되므로 낮은 수행 결과를 보이는 것이다.

기억력은 한 가지로 일반화할 수 있는 과정이 아니다. 기억력의 바탕이 되는 뇌의 기전도 한 가지로만 줄여서 말할 수는 없으며 뇌손상으로 인한 기억의 변화도 다 똑같은 것은 아니다. 외상, 신경퇴화, 노화로 인한 신경전달 속도의 감소 등 여러 가지 원인이 있다. 그러나 한 가지 인지적 손상이 다른 손상으로 연결되는 것은 흔히 있는 일이며 우울증을 동반하는 많은 질환은 우울증으로 인하여 인지적 손상이 가속화되기도 한다.

그러나 기억력의 바탕이 되는 뇌 기전이 하나로 고정된 것이 아니기 때문에 회복의 가능성은 얼마든지 존재한다는 점을 알아야 한다. 뇌의 신경세포들이 손상을 입었다 해도 다른 기억의 기제가 일할 수 있고 새로운 신경세포들의 연결을 만드는 학습을 통해 기능적인 발전이 가능하다.

딸 유진이가 썰매를 타다가 뇌를 다친 것은 벌써 10년 전의 일이다. 없어진 기억은 지금도 돌아오지 않았지만 살면서 없어진 기억은 썰매를 탄 기억 하나만이 아닐 것이다.

기억은 없어질 수도 있고 바뀔 수도 있다. 다시 말하지만 기억은 과거에 일어난 사건들을 그대로 재생하는 것이 아니라 현재 일어나고 있는 뇌의 활동이다. 또한 기억은 과거를 바탕으로 미래에 적응하기 위한 뇌의 활동이다. 손상된 뇌도 적응하기 위해 변화하고 있는 것처럼 말이다.

뇌는 원한다,
예측불가능의 삶을

할리 데이비슨을 몰고 온 교수님

내 인생에서 롤모델을 꼽으라면 일리노이주립대학에서 나의 박사학위 지도교수였던 아트 크레이머Art Kramer 교수님이 가장 먼저 떠오른다. 크레이머 교수님은 내게 학문적으로도 큰 영향을 주었을 뿐만 아니라 수많은 박사들을 배출했고, 베크먼 연구소의 디렉터로, 노스이스턴대학의 학장으로도 큰 기여를 하셨다. 그렇지만 크레이머 교수님이 내 인생의 롤모델인 이유는 단지 업적이 많아서가 아니다.

크레이머 교수님의 젊은 시절, 그는 권투선수였다. 뉴욕의 빈민가에서 자라나서 열다섯 살부터 혼자 힘으로 살아왔다고 한다. 아버지는 일찍 돌아가셨고 알코올중독인 어머니 주변에 다른 남자들이 있는 것이 싫어서 고등학교 1학년 때 가출을 했다. 고등학교 때는 뉴욕의 허름한 바에서 어느 록밴드의 사운드 맨으로 일했다.

그 당시 이웃의 고등학교에 다니던 가수 빌리 조엘이 같은 바에서 뮤지션으로 일했었다고 한다. 늘상 벌어지는 싸움으로 창문은 깨져 있고 경찰차가 수시로 대기해 있던 그 바가 빌리 조엘의 히트곡 〈피아노맨〉을 탄생시킨 곳이라며 무용담처럼 이야기하시곤 했다.

운동을 잘 하던 크레이머 교수님은 프로 권투선수를 하면서 동시에 커뮤니티칼리지를 다녔고, 트럭 운전사를 하면서 뉴욕 주립대학에 진학했다. 더 놀라운 것은 트럭 회사를 경영하면서 일리노이주립대학에서 박사학위까지 받은 일이다. 박사학위를 받자마자 아주 드문 경우로 학위를 받은 일리노이주립대학에 곧바로 교수로 임용이 되었다. 교수직을 맡으면서 이전까지 경영하던 트럭 회사는 동생에게 물려주었다고 한다.

크레이머 교수님은 뛰어난 학자지만 그 삶은 가만히 앉아서 공부만 하는 삶이 아니었다. 운동선수 출신답게 온갖 운동을 섭렵하셨는데, 특히 모터사이클 광이었던 교수님은 일리노이대 교수 시절에도 출근하면서 할리 데이비슨을 몰고 다녔다.

운동과 다양한 활동 등으로 가득 찬 교수님의 삶은 연극 무대에까지 이른다. 언젠가 주변의 커뮤니티칼리지에서 아마추어 연극공연을 할 때 오디션을 보고 캐스팅되어 무대에 오른 것이다. 험한 배경을 가진 악당 역을 맡았는데, 지적인 교수가 그런 역을 소화할 수 있겠냐는 감독의 우려가 무색할 정도로 성공적인 연기를 완수했다.

크레이머 교수님은 연구 분야에 있어서도 늘 새로운 것을 추구하는 인생이 드러나 있다. 한 가지의 같은 주제만 깊이 파고들어 연구하고 많은 논문을 쓰는 학자들도 있는데, 물론 이분들 또한 훌륭한 학자들이다. 하지만 크레이머 교수님의 연구는 인지심리학에서 시작하여 뇌과학, 유전학, 체육학, 산업공학, 공학디자인에 이르기까지 새로운 분야를 쉼 없이 개척하는 연구를 이어왔다.

크레이머 교수님 밑에서 공부한 일리노이주립대학의 유학 생활에서 나는 참으로 다양한 일들을 배웠다. 초반에 영어 실력이 부족한 유학생으로서 내가 유일하게 잘 할 수 있는 일이 컴퓨터 프로그래밍이었다. 나는 밤을 새워가며 프로그래밍에 몰두했다. 워낙 규모가 큰 실험실에서 연구하면서 다양한 학생들과 함께 일하게 되었고, 심리학 연구라는 것이 무엇인지, 새로운 지식을 탐구하는 희열이 어떤 것인지를 배웠다.

그렇지만 내가 배운 것은 학위를 위한 것만은 아니었다. 라켓볼 실력이 프로급인 크레이머 교수님에게 나도 한수 가르쳐

주십사 부탁하여 마침내 라켓볼을 배우고야 말았다. 랩 메이트들과 정기적으로 라켓볼을 즐겼을 뿐만 아니라, 심리학과 여자 학생들로 구성된 농구팀에 끼어서 농구도 열심히 했다. 학교의 교양 강좌에서 한두 번 배운 실력으로 그 당시 유행하던 살사클럽에 다니기도 했고, 한국 유학생들과 한밤중에 빈 주차장 안으로 들어가 롤러하키 시합도 했다.

스포츠맨인 크레이머 교수님이 좋아하시던 또 하나의 종목은 암벽 등반이었다. 교수님은 조슈아트리 근처에서 열린 학회에 참석했을 때 그 학회에 동반했던 나를 비롯하여 여러 대학원생들을 데리고 암벽 등반에 도전할 기회도 주셨다.

재미있는 사실은, 내가 농구팀에 끼어 있었던 사실 때문에 나중에 교수임용을 위한 인터뷰에서 가산점을 받기도 했다. 팀 스포츠를 즐기는 사람이라면 남들과 협업하는 능력도 뛰어난 사람일 가능성이 크다고 생각하는 미국 사회의 인식을 알 수 있다. 아마도 농구팀에 소속되어 운동을 했다는 사실이 논문을 몇 개 더 제출한 것보다 더욱 인정받게 된 셈이다.

뇌는 변화하고 예측불허인 환경에 살아남도록 설계되어 있다. 아무리 재미있는 놀이나 좋아하는 노래라도 계속해서 되풀이하면 지겨워지기 마련이다. 신기하게도 우리의 뇌는 불확실한 환경에 적응하도록 최적화되어 있다. 우리 인간 자체는 삶에서 안정되고 확실한 것을 추구하지만, 반면 인간의 뇌는 불확실한 상황에서 더 열심히 일한다는 얘기다.

생명을 가지고 있는 뇌는 에너지를 낭비하지 않고 효율적으로 사용하려 한다. 따라서 뇌는 스스로에게 주어진 상황 속에서 학습이 필요한가를 결정하고 이에 따라 활동한다. 환경이 항상 예측 가능하다면 뇌는 학습을 할 필요가 없다. 그러나 상황이 변화하면 우리는 변화한 상황에 대한 정보를 더 알아내야 하고 나의 행동에 따라 환경이 어떻게 반응했는지도 기억해야 한다. 뇌는 불확실한 환경에서 더 열심히 활동한다.

흔히 하는 가정으로, 만약 모든 것이 정해져 있다면 삶이 어떨까 하는 질문을 한다. 모든 것이 정해져 있으면 노력은 당연히 할 필요가 없겠거니와 삶에 아무 기대도 없을 것이다. 만약에 모든 것이 정해져 있다면 우리의 뇌는 무엇을 할까? 뇌는 게을러지고 열심히 학습하지 않을 것이다.

감각 자극에 대한 반응을 보면 고정되어 있는 감각 정보는 곧 익숙해지고 머지않아 의식하지도 못한다는 것을 알 수 있다. 방 안에 시계가 똑딱거리며 가고 있지만 우리가 평소에 이 시계 소리를 의식하지 않고 지내는 상황을 생각해보면 알 수 있다. 그러다 어느 순간 시계 소리가 나는지 조용히 집중하다 보면 갑자기 똑딱거리는 소리를 듣게 된다.

시각 정보도 마찬가지다. 우리의 시지각 구조가 가장 잘 알아차리는 것은 움직임과 새로운 자극이다. 가령 똑같은 행동을 반복적으로 수행하는 일을 계속해나가면 나중에는 아무 생각이 없어진 상태로 그 행동을 반복하고 있음을 알게 될 때가 있다. 그러다 보면 각성이 떨어지고 주의 집중에 실패해서 실수 또한 많아진다. 의사결정과 같은 고등 인지 과정도 고정된 환경이 반복될 때 뇌는 활동을 줄이게 된다.

불확실한 변화를 좇는 원숭이들

새로운 환경에서 열심히 일하는 뇌의 기제는 실험적으로도 확인된다. 의사결정을 연구하는 예일대학교 뇌과학자들의 연구는 불확실한 환경에서 뇌 전두엽이 더 왕성하게 활동한다는 결과를 보여주었다.[1]

원숭이를 이용한 뇌과학 연구방법론 중 하나는 수술을 통해 신경세포들에 전극을 연결하여 신경세포의 전기적 반응을 하나씩 측정하는 것이다. 이 실험에서는 환경의 변화에 따라 행동을 조절하는 원숭이의 의사결정 과정을 이렇게 측정된 신경세포의 활동으로 탐구하였다.

이 실험에서 원숭이가 학습해야 하는 것은 화면에 뜬 여러 가지 색의 자극들을 보면서, 빨간색 혹은 초록색 목표물을 선택하여 재빨리 눈을 움직여서 그 목표물을 보면 되는 것이다. 원숭이들은 빨간색을 선택하면 80퍼센트의 경우에 과일주스 보상을 받았고, 초록색을 선택하면 20퍼센트의 경우에 과일주스 보상을 받았다.

원숭이들은 보상 확률의 차이를 바로 알아차리고 그에 맞추어서 행동을 조절하였다. 확률에 맞게 행동을 조절할 수 있는 방법은 두 가지이다. 첫번째 방법은 80퍼센트의 경우에 빨간색을 선택하고 20퍼센트의 경우에 초록색을 선택하는 것이다. 이 경우 운이 좋으면 항상 주스 보상을 받을 수도 있다. 그러나 운이 나쁘면 빨간색에게 보상을 줄 때에 초록색을 선택하고, 초록색에게 보상을 줄 때에 빨간색을 선택할 수도 있게 되므로 안전한 선택은 아니다.

두 번째의 방법은 빨간색이 80퍼센트가 되는 경우 보상을 주면 항상 빨간색만 선택하는 것이다. 그럼 80퍼센트의 보상 확률이 보장되지만, 20퍼센트는 항상 보상을 못 받게 된다.

이 실험에서 원숭이들은 불안정한 환경과 안정적인 환경이라는 두 개의 실험 조건에 참여하였다. 두 개의 실험 조건 중 하나인 불안정한 환경 조건에서는 원숭이들이 충분히 보상 확률을 배워서 수행하고 있을 때 색에 따른 보상 확률이 바뀌었다. 또 보상 받는 과일주스의 양도 변하게 되면서 불안정한 환경을 구성하였다. 반대로 안정적인 환경 조건에서는 과일주스를 받을 확률과 양이 변하지 않고 계속 유지되었다.

이 실험 결과는 실험조건이 안정적이고 확실한 경우보다 변화하고 불확실한 경우가 전두엽을 측정했을 때 모든 부위에서 신경세포의 활동이 더 활발했다는 것을 보여주었다. 불확실성이 두뇌의 활동을 더 활발하게 한다는 것을 실험적으로 보여준 것이다.

우리는 다양한 활동을 통해서 학습하고 환경에 적응한다. 사회생활에서 어떻게 적절히 행동할 수 있는지, 어떻게 기술을 사용하는지, 어떻게 예술과 철학을 이해하고 그 사회의 가치를 인식하는지 등을 배우는 과정은 우리의 마음뿐 아니라 뇌도 변화시킨다.

책을 읽고 음악을 듣고 새로운 언어를 배우는 과정은 뇌를 변화시킨다. 예술이 적응적이고 실용적인 측면에서 얼마나 유용한지에 대해서는 의견이 갈린다. 진화심리학자들은 예술이 다른 뇌 발달과 활동의 부산물일 뿐 적응적 기제의 본질적 기제는 아니라고 주장하기도 했다.[2] 헌데 그렇다면 사람들이 왜 소설을 읽고 영화를 보는 것을 좋아하는지, 왜 드라마를 보면서 웃고 우는지 어떻게 설명을 할 수 있을까?

투비John Tooby와 코스미데스Leda Cosmides[3]는 허구를 현실과 분리할 수 있으며, 사람들이 허구인 문학이나 드라마를 즐긴다는 것은 이를 보상하는 뇌의 시스템이 있다는 것, 즉 적응적인 측면이 있다고 설명한다. 무언가를 상상하고, 이에 대한 미적인 반응을 하는 것 자체가 피트니스라는 것이다. 즉 상상의 세계를 통해서 세상에 적응하도록 연습하는 것인데, 그런 점에서 상상은 학습이라고 볼 수 있다.

미적인 동기란 외부 환경에 관심을 갖고, 찾고, 탐지하고, 경험하는 것을 북돋기 위한 시스템이다. 이를 통해 인간은 즐거움을 느끼는 보상을 받게 되고 다양한 적응을 위해서 뇌를 풀가동할 수 있다.

사람의 뇌는 이미 구조적으로 준비된 많은 시스템을 가지고 있다. 그러나 컴퓨터는 일단 하드웨어가 갖추어져 있어야 소프트웨어를 돌릴 수 있다. 프로그램 용량이 더욱 커지면 RAM 용량이 커야만 돌아가고, 비디오게임을 위해서는 더 업그레이드된 그래픽카드가 필요하다. 하드웨어의 용량보다 훨씬 넘치도록 소프트웨어를 많이 설치하면 컴퓨터는 점점 느려진다.

그런 컴퓨터와는 달리 뇌는 소프트웨어를 더 많이 돌릴수록 신경구조의 연결망이 더 많아지고, 더 빨리, 더 잘 일할 수 있다. 언어능력은 타고난 것도 있기는 하지만 외부 자극 없이는 언어가 좀처럼 개발되지 않는다. 사람의 뇌는 외부와 상호작용하면서 새로운 자극과 정보를 받으면서 활동한다.

소설이나 영화, 드라마는 분명 허구의 내용이지만, 이것들의 역할은 보는 이로 하여금 스트레스를 해소케 하고, 직접 경험할 수 있는 것보다 더 많은 상황을 보여줌으로써 어느덧 익숙해지도록 만든다. 픽션에서의 스토리는 결국 사람들과의 관계다. 적군과 아군을 구별할 수 있고, 친지들과의 관계라든지 친구와 배우자를 선택하는 사회적인 관계 등을 학습하도록 한다.

사회적 관계는 인간의 생존에 결정적으로 중요한 환경이다. 그러나 물리적으로 고정된 지형과 달리 상호작용에 따라 변화하기 때문에 사회적 관계를 예측하기는 어렵다. 허구인 소설과 드라마를 즐기는 것은 복잡하고 불확실한 사회적 환경에 적응하기 위해 연습하는 뇌의 학습 기제라고 볼 수 있다.

뇌가 마음을
만든다

행복의 두 얼굴

근대 철학의 아버지로 불리는 르네 데카르트는 몸과 마음이 독립된 실체라는 이원론을 주장한 사람으로서 잘 알려져 있다. 현대의 뇌과학자들은 인간의 지능과 마음을 만들어내기 위해서는 몸이 있어야 하고, 몸의 생리적인 활동과 그를 통한 정보의 입력이 있어야 한다고 주장한다. 뇌는 신체의 일부다. 이 뇌가 감각, 운동, 내분비에 관련된 신체의 다른 기관들과의 상호작용 속에서 정신세계가 이루어지는 것이다.

한국의 학교 교육은 국영수라는 기초 교과목을 강조한다. 그러나 체육, 음악, 미술과 같은, 신체의 움직임과 감각을 직접 사용하는 분야는 그 중요도에 있어 다소 등한시되고 있는 게 현실이다. 살아 있는 뇌의 발달을 위해서도 예체능 과목의 중요성이 간과되어서는 안 되는데, 안타깝게도 우리 사회는 감각이나 운동을 인지적 발달과 분리해서 생각하는 경향이 있다. 몸과 마음을 분리하는 이원론적 사고가 우리 생활에 뿌리 깊게 자리 잡은 것이다.

〈매트릭스〉라는 영화가 크게 인기를 끈 적이 있었다. 인간의 기억도 인공지능에 의해서 입력되고 삭제되는 디스토피아에서 가상현실 매트릭스 속에 빠져 있는 인간에 대한 영화였다. 이 영화는 물질세계와 정신세계가 분리된다는 개념이 바탕에 깔려 있다. 영화 〈매트릭스〉의 장면 중에 주인공 네오가 프로그램을 입력하는 것만으로 쿵푸를 할 줄 알게 되는 장면이 있다.

영화 속 인물들이 현실이라고 믿는 세계는 의식 속에만 있기 때문에 물리적인 법칙을 굳이 따를 필요가 없다. 그러나 학습은 몸과 관계없이 뇌에서 프로그램 되는 것만으로 이루어지는 것은 아니다. 데카르트가 정신과 물질(또는 신체)을 분리하는 개념으로 주장한 이원론은 우리에게 이젠 꽤나 익숙하게 받아들여지고 있다. 알게 모르게 이원론적인 사고가 일상과 문화 속에 많은 영향을 끼치고 있는 것이다.

뇌는 몸의 일부이며 뇌와 마음은 연결되어 있다. 많은 연구들을 통해 볼 수 있듯이 마음가짐을 어떻게 갖느냐에 따라 면역력에 영향을 주고, 따라서 병이 나을 수도 있고 병이 심해질 수도 있다.

스트레스가 신체적 건강에 미치는 영향은 오래 전부터 알려져 왔다. 시험기간 중의 학생들을 대상으로 혈액검사를 해보니 바이러스와 싸울 수 있는 면역세포의 수치가 평소보다 시험기간 중에 더 낮게 나온다는 결과가 나왔다.[4] 스트레스는 면역력을 약화시켜서 우리는 더 쉽게 질병에 노출될 수밖에 없다. 특히 외로움은 스트레스가 주는 악영향을 더 강화시킨다.

이미 스트레스를 받고 있는 상황에서 긍정적 정서를 높이는 훈련이 면역체계를 되돌릴 수 있다는 연구들도 있다. 힘든 간병이나 외로움으로 스트레스를 받는 성인들이 명상훈련을 통해 백혈구의 항 바이러스성이 높아지는 것을 보여주는 연구가 있었다.[5] 또한 초기 유방암 환자들을 대상으로 스트레스 감소 훈련에 참여토록 했는데, 이때 참여한 환자들의 전이 가능성이 낮아지는 것을 보여주는 연구도 있었다.[6] 이런 연구결과들은 몸과 마음의 관계가 양방향적이라는 것을 깨닫게 한다.

행복감이 신체에 미치는 영향을 연구한 결과도 신체적 건강과 정신적 상태가 밀접하게 연관되어 있음을 보여준다. 행복은 여러 가지로 정의될 수 있지만 특별히 두 종류의 행복을 비교한 연구들이 주목할 만하다.

맛있는 것을 먹고, 몸이 편하고, 현재 자신이 하는 활동에서 직접적인 즐거움을 느끼는 쾌락적 행복이 첫 번째 종류이다. 그리고 지금 당장 직접적으로 즐거움이 되지 않더라도 그 안에서 나름 '의미를 찾는 행복'이 두 번째 종류이다. 새로운 것을 배우는 것이나, 종교적인 의미를 찾는 것이나, 내가 힘들더라도 남을 도와주는 일 등은 당장에 쾌락을 느끼는 일은 아니지만 이 안에서 '의미를 찾는 행복'이라고 볼 수 있다.

UCLA에서 심리학과 면역체계를 연구하는 스티브 코울Steve Cole 교수와 노스캐롤라이나대학교 사회심리학자 바바라 프레드릭슨Barbara Fredrickson 교수팀은 '쾌락적 행복'과 '의미 있는 행복'이 각각 면역과 유전자 발현에 미치는 영향을 비교한 연구를 발표했다. 쾌락적 행복과 의미를 찾는 행복 모두 정서적인 행복감을 주지만, 놀랍게도 쾌락적 행복이 건강에 미치는 영향은 오히려 스트레스 상황과 비슷한 결과가 나왔다.[7]

그에 반하여 의미 있는 행복을 추구하는 집단은 면역과 유전자 발현에서 더 긍정적인 결과를 보였다. '목적이 있다는 것'이 살아 있음의 기쁨을 주고 면역 시스템을 강화하여 질병과 싸우는 것을 돕는다는 사실을 알게 하는 결과였다. 긍정적인 마음가짐은 스트레스에 대한 반응뿐만 아니라 유전자 발현까지 바꿀 수 있다.

그러나 "긍정적으로 생각하면 다 된다"라는 주장을 긍정 심리학이라고 혼동하는 경우가 있다. 이 때문에 긍정적인 마음에 대한 주장은 과학적 방법론을 중요시하는 학자들로부터 많은 비판을 받아왔다. 실제로 주변에 누군가 우울증에 시달리고 있는데 그 앞에서 "그냥 긍정적으로 생각하면 돼"라고 말하는 것은 전혀 도움이 안 되는 소리다. 긍정적으로 생각하지 못하는 것이 우울증인데 그 앞에서 긍정적으로 생각하라고 말하는 것은 마치 장님에게 가서 "그냥 눈 뜨면 돼"라고 말하는 것과 마찬가지다.

사랑인지 착각인지 어떻게 구별할까?

사람들은 자신의 감정을 표정과 몸짓으로 표현하면서 타인과 비언어적으로 소통할 수 있다. 학자들은 비언어적 소통이 전체 소통의 80퍼센트를 차지한다고 한다. 이런 비언어적 소통은 다른 사람에게 나를 표현하는 기능 이외에 또 한 가지 중요한 역할을 담당한다. 바로 타인이 아닌 나 자신에게 나의 감정과 상태를 알려주는 일이다.

감정이 표정을 만들어내는 것이 아니라, 표정과 행동이 감정을 만들어낸다는 것이 '표정 피드백 가설'이다. 한 마디로 행복해서 밝게 웃는 것이 아니라, 밝게 웃는 표정을 지으면 행복해진다는 것이다. 정서적 경험이 그렇게 간단하지는 않지만 이 이론은 몸과 마음의 관계를 재조명했다는 점에서 주목할 만하다.

심리학의 많은 연구들은 얼굴 표정이나 자세가 마음을 바꿀 수 있다는 것을 보여주었다. 만화책을 그냥 보는 것보다 연필을 입에 물고 웃는 표정을 만들면서 읽었을 때 그 만화가 더 재미 있다고 느껴지는 것도 널리 알려진 연구다.[8] 즉 우리의 마음상 태로 인해 표정이나 몸짓이 나오는 것뿐 아니라, 표정이나 몸짓 이 우리의 마음을 만든다는 것이다. 고개를 끄덕이면서 다른 사 람이 하는 말을 듣고 있으면 더욱 수긍이 가지만, 얼굴을 찡그 리고 남의 의견을 들으면 그 말에 그다지 공감하게 되지 않는 것도 같은 이유다.

정서적 반응은 신체적으로 나온다. 심리학에서 가장 고전적 인 정서 이론은 '감정이란 외부 자극에 대한 신체적 반응을 지 각한 결과'라고 설명한다. 이 이론은 19세기 말 미국의 심리학 자 윌리엄 제임스William James와 덴마크의 심리학자 칼 랑게Carl Lange가 거의 동시에 발표하여 '제임스-랑게 이론'으로 알려져 있다.

우리가 여행을 다니다가 한적한 산길에서 길을 잃어버렸다 고 생각해 보자. 그때 불빛도 없는 외진 곳에서 네 발로 나를 향 해 다가오는 움직임이 보인다. 얼마나 위험한 동물일지 모르는 상황에서 심장이 터질 듯이 뛰기 시작하고 식은땀이 난다. 공포 감이 밀려오고 도망쳐야 할지 아니면 내가 손에 들고 있는 것을 뭐든 휘둘러서 싸워야 할지 순간적으로 생각한다. 이와 같은 정서 경험에는 심장이 뛰고 손에 땀을 쥐는 신체적 반응이 함께 일어난다.

우리가 상식적으로 생각하는 정서 경험의 순서는 상황에 대한 공포감이 먼저 일어나고 그 다음에 감정에 대한 신체적 반응이 나타난다. 그러나 제임스-랑게 이론에 따르면 신체적 반응이 먼저 일어나고 정서 경험은 그 반응에 대한 인지적 해석으로 일어난다. 곰을 보면 무서워서 도망을 가는 것이 아니라 곰을 보고 도망을 가기 때문에 무서운 것이란 얘기다.

곰을 만났을 때 인체의 자율신경계는 심장박동이 늘어나고 호흡이 빨라지며 땀이 나는 것과 같은 즉각적인 생리적 반응을 만든다. 자율신경계는 우리가 도망치기 좋은 최적의 상황으로 몸의 상태를 준비하게 만든다. 이런 반응이 먼저 일어난 뒤 곧바로 공포라는 정서를 경험하게 된다.

자율신경계의 반응은 이성에 대해 호감을 느끼는 경우에도 적용된다. 콜롬비아대학교의 심리학자 도널드 두톤Donald Dutton 과 아더 아론Arthur Aron은 1974년에 캐나다 밴쿠버에 있는 카필라노 흔들다리에서 한 가지 실험을 했다.[9] 이 다리의 길이는 140미터, 높이는 70미터로 그 위엄이 대단하다. 주변의 자연과 어우러져 무척이나 아름다운 이 다리는 그 폭이 1.5미터밖에 안 되는데, SNS에 사진을 올리기 위해서라도 많은 연인들이 방문하는 관광명소이다. 흔들거리는 다리 위에서 저 아래 흐르는 강을 내려다 보면 정신이 아찔할 정도다.

이곳에서 행한 실험의 내용은 간단하다. 연구진은 18~35세 정도의 남성에게 이 다리를 건너가게 했다. 그리고 건너편에서 연구보조원인 한 여성이 걸어와 다리 중간에서 남성 참여자에게 설문조사를 하였다. 설문이 끝난 후에 여성 연구보조원은 나중에 이 실험에 대하여 궁금한 점이 있으면 연락하라고 전화번호를 주었다.

또 다른 실험조건에서는 카필라노 다리를 이용하지 않고 높이가 3미터밖에 안 되는 튼튼하고 낮은 견고한 다리에서 동일한 실험을 진행하였다. 실험 결과는 어떠했을까?

카필라노 다리에서 진행된 테스트에 참여한 남성 중 50퍼센트 이상이 여성에게 연락을 하였고, 견고한 다리에서 진행된 테스트에 참여한 남성은 12.5퍼센트만이 연락을 하였다. 아찔한 흔들다리 한가운데 서 있던 남성들은 심장이 두근거리고 호흡이 빨라지는 것이 당연한 반응이었으나, 그들은 자신의 신체적 반응이 그때 다가온 여성 연구보조원에 대한 호감인 것으로 착각한 것이다.

자율신경계는 흔들다리에 서 있는 경우나 호감이 가는 이성을 만나서 흥분하는 경우 모두 비슷하게 반응한다. 그러니 그 신체적 반응을 상대방에 대한 호감으로 생각하기 쉽다. 그런 의미에서 놀이공원이나 공포영화가 데이트 장소로 추천되는 것은 과학적인 근거가 있는 얘기다. 단순히 공포영화가 신체적 접촉을 유도해서가 아니다. 공포감으로 인한 교감신경의 반응을 이성에 대해 두근거리는 마음으로 취급하게 되는 것이다.

남성들이 빨간 옷을 입은 여성에게 더 큰 매력을 느낀다는 연구도 있다. 카필라노 다리에서의 실험과 비슷한 의미이다.[10] 빨간색 자체가 각성을 높일 수 있는 색이기 때문에 그 각성 상태의 마음을 상대방에 대한 설레는 마음으로 착각할 수 있다는 얘기다. 데이트 코스로 신나고 흥분되는 장소를 택하는 것은 좋은 전략이긴 하지만, 각성 상태를 바탕으로 싹튼 사랑이 오래 갈 것이라는 기대는 말아야 한다.

정서가 정보로 바뀌다

'정서는 생리적 반응에 대한 인지적인 해석이다.'

이는 여러 심리학 연구를 통해 설명되는 결론이다. 그 이유는 같은 생리적 반응도 인지적인 해석을 어떻게 하느냐에 따라 긍정적, 또는 부정적인 정서로서 평가내릴 수 있기 때문이다.

결혼식은 인생에서 가장 행복한 날 중 하나다. 그러나 결혼식을 앞두고 있는 당사자들은 대부분 복잡한 결혼 준비와 새로운 변화에 대한 스트레스로 지쳐버리는 게 현실이다. "빨리 결혼식이 끝나고 쉬면 좋겠다"는 말은 동서양을 막론하고 모든 신랑 신부의 공통적인 반응이다. 인지적으로 긍정적인 상황이라 할지라도 신체에는 스트레스로 작용한다는 얘기다.

결혼식을 앞두고 있는 당사자들의 생리적인 반응은 중요한 시험을 앞두고 있는 경우와 비슷하게 나온다. 하지만 우리들의 일반적인 정서로 보자면 결혼식은 긍정적인 경험으로 해석하고, 시험은 대부분의 사람들이 피하고 싶어 하는 부정적인 스트레스 경험으로서 해석한다.

'정서는 생리적 각성을 인지적으로 해석한 것'이라는 이론은 1962년 컬럼비아대학의 심리학자 스탠리 샤흐터Stanley Schachter와 제롬 싱어Jerome Singer의 실험으로 많이 알려졌다. 이 실험에서 연구진은 연구 참여자들을 두 팀으로 나누었다. 한 팀에는 각성제인 아드레날린을 주입하고, 다른 팀에는 가짜 플라시보를 주입하였다. 그리고 참여자들을 다시 나누어 일부는 사교적이고 쾌활한 사람들과 함께 대기실에서 기다리게 하였고, 나머지 다른 참여자는 화를 내고 투덜거리는 사람들과 함께 대기실에서 머물게 하였다.

진짜 아드레날린을 주입 받은 참여자 중 일부만 약물의 효과에 대한 설명을 들었고 나머지는 각성제의 효과에 대한 설명을 듣지 못했다. 각성제의 효과는 심장이 뛰고 호흡이 가빠지며 얼굴이 달아오르고 땀이 날 수도 있다는 것 등이었다. 그런데 아드레날린을 주입 받았으나 그 효과에 대한 설명을 듣지 못한 참여자들은 현재 생리적인 반응을 주변 환경의 영향으로 해석했다.

사교적이고 쾌활한 사람들과 함께 있었던 참여자는 성격 좋은 사람들과 함께 있어서 행복하고 기분이 좋다고 대답했고, 화를 내며 투덜거린 사람들과 함께 있었던 참여자는 불쾌한 사람들 때문에 본인도 화가 났다고 대답했다. 이 실험 결과는 같은 신체적 증상이라도 다른 감정으로 해석될 수 있다는 것을 보여주었다.[11]

정서는 의사 결정에서 상황에 대한 정보로 사용된다. 우리의 긍정적인 정서들, 곧 즐거움이나 행복감 등은 지금 하고 있는 일을 계속하라는 청신호로 작용한다. 반대로 부정적인 정서인 역겨움이나 두려움 등은 멈추라는 적신호로 작용한다.

정서정보이론affect as information theory에 따르면, 사람들은 정서적 경험도 정보의 하나로 취급한다. 예를 들어 기분이 안 좋으면 그 나쁜 기분 자체가 정보로 취급되어서, 하고 있는 과제나 지금 눈앞에 있는 대상에 대한 판단이 부정적으로 나오게 된다.[12] 비바람이 몰아치는 날에 추후에 자신이 진학할 수도 있는 대학을 방문한다면 그 대학에 대한 인상이 달라진다는 연구결과도 있다.

1997년에 미국 아이오와대학에서 아이오와 도박 과제Iowa Gambling Task라는 이름으로 디자인 된 실험 하나를 만들었다.[13] 이 실험은 불확실한 상황에서의 의사결정을 측정하기 위한 것이었다. 실험에 참여한 이들이 해야 할 일은 A, B, C, D 네 개의 카드더미에서 카드를 하나씩 뽑으면 되는 것이었다. 이 중에 C와 D는 좋은 카드더미이고 A와 B는 나쁜 카드더미이다.

C와 D에서는 돈을 딸 수도 있고 돈을 잃을 수도 있는데, 돈을 딸 때는 50달러의 수입이 생기고 돈을 잃을 땐 25달러의 손해가 생긴다. A와 B에서도 돈을 딸 수도 있고 돈을 잃을 수도 있는데, 돈을 딸 때는 100달러의 수입이 생기지만 돈을 잃을 땐 125달러의 손해가 생긴다. 즉 C와 D에서는 한 번에 돈을 딸 때 더 적게 따지만 잃는 액수가 적기 때문에 장기적으로는 이익이고, A와 B에서는 한 번에 버는 액수는 더 많지만 잃을 경우엔 더욱 많이 잃기 때문에 장기적으로는 손해가 된다.

이 실험에서 보통 연구 참여자들은 40~50장 정도의 카드를 뽑은 후에야 상황이 어떻게 돌아가는지 알게 되고 그제야 유리한 카드더미에서만 카드를 뽑게 되었다. 그러나 그들은 10회 정도가 지나면 의식적으로는 알지 못하지만 어떤 카드더미를 선택해야 좋은 것인지를 무의식적으로 알아차리기 시작했다. 이러한 무의식적인 반응은 각성이나 스트레스를 측정할 수 있는 갈바닉 피부 반응Galvanic Skin Response에서 나타났는데, 참여자들이 위험한 선택을 할 경우에는 이미 피부 측정에서 위험에 대한 반응이 나타났다.

이 연구결과는 사람들이 선택을 할 때 구체적인 내용을 모르더라도 직감적으로 유리한 선택을 한다는 것을 보여준다. 인간은 의식적 지식이 없는 상태에서도 무의식적으로 유리한 전략을 가지고 의사결정을 내린다.

의식적인 분석이 아니라 직감적인 의사결정을 한다는 것은 정서적인 반응이라고 할 수 있다. 이유는 구체적으로 말할 수 없지만, 우리가 살다보면 뭔가 기분이 찜찜하면서 안 될 것 같은 일이 있고, 반대로 뭔가 순조롭게 될 것 같은 편안한 마음일 때가 있다. 처음 만난 어떤 사람을 두고 남들은 모두 좋다고 칭찬하는데 나는 왠지 좋지 않은 느낌을 받는 그런 사람도 있듯이 말이다.

안토니오 다마지오Antonio Damasio는 소매틱 마커 가설somatic marker hypothesis이라는 이론으로, 감정이 의사 결정에 미치는 영향을 강조하였다.[14] '소마soma'는 그리스어로 '신체'를 뜻하는 단어로서 내장감각, 신체감각과 관련된 의미로 사용한다.

다마지오는 어떤 사건이 나쁜 감정을 초래하거나 반대로 좋은 감정을 초래하는 것을 경험하면 연관된 감정이 그 사건과 함께 기억된다고 설명한다. 이 기억은 의식적인 것이 아니라 신체적인 감각으로 유쾌함이나 불쾌함을 느끼는 것이다. 이런 신체적 감각의 자취가 '소매틱 마커'이며 의사 결정에 중요한 역할을 한다. 소매틱 마커에 대해 다마지오는 이렇게 표현한다.

"무엇을 해야 할지 아는 것만으로는 불충분하다. 무엇을 해야 할지를 '느낄' 필요가 있다."

성공적으로 나이 드는
준비란

은퇴 겁쟁이로 살지 않으려면

미국에서 싱글맘으로 오래 살아서인지 제법 자주 듣게 되는 질문이 있다. 왜 새로운 사람을 만나지 않느냐고 말이다. 미국은 파트너가 있는 것을 꽤 중요하게 여기는 사회이다. 사실 땅덩어리가 너무 크고, 이웃이나 친구도 한 번 이사 가면 다시는 못 만나기 일쑤인 미국에서 가족은 절대적으로 중요하다.

나와 절친인 미국 친구 콜린과 그녀의 남편 스테판은 내가 혼자 사는 것에 대해 늘 걱정해주었다. 심지어 스테판은, 그러다 내가 어느 날 갑자기 죽게 되면 어쩌려고 하냐며 제법 근심 어린 목소리로 물어왔다. 스테판에게 있어 파트너란 존재는 물이 있어야 하고 공기가 있어야 하는 것만큼 생존을 위해 절대적으로 중요한 것이었다. 그래서 물이 없고 산소가 없으면 사람이 죽는 것처럼 파트너가 없는 내가 어느날 갑자기 죽을까봐 걱정이 된다고 했다.

관심을 보이는 사람들도 가끔씩 있었다. 언젠가는 샌디에이고에 있는 콜린 네 집에 여름휴가 차 놀러간 적이 있었는데 그때 스테판의 친형인 안드레도 와 있었다. 안드레는 델타항공사에서 비행기 조종사로 근무하고 있었다. 워낙 오래된 친구들이라 예전에 그 형도 만난 적이 있긴 했다.

그런데 그 여름휴가 때의 안드레는 이혼을 한 지 얼마 안 됐을 때라 그랬는지는 몰라도 이상하게 나를 대하는 태도가 예전과 많이 달랐다. 계속 내 옆을 따라다니는 것이다. 한낮에 근처에 있는 골프장을 혼자 가려는데 예고도 없이 따라와서 같이 골프를 치자며 유난히 내 옆을 쫓아다녔다. 친구들이 모인 디너파티에서도 마찬가지였다. 내가 앉은 옆자리에 마땅히 앉을 공간이 없었는데도 군이 의자를 들고 와서 틈을 비집고 앉아 끊임없이 말을 걸었다.

하루 이틀 후에 콜린과 작별하고 집으로 돌아왔는데 안드레로부터 이메일이 도착해 있었다. 이메일의 요지는 자기랑 사귀자는 제안이었는데, 특이하게도 자기가 얼마나 훌륭한가에 대한 자랑을 길게 늘어놓았다. 별 마음이 없었던 나는 난감할 수밖에 없었다. 너무나 친한 친구의 가족이기 때문에 냉정하고 무례하게 대답할 수도 없으니, 결국 그런 상황에서 내가 평상시 자주 내뱉던 말로 답장을 썼다.

"명퇴했어요."

명퇴는 다들 알다시피 명예퇴직의 줄임말이다. 나는 평소에도 사람을 만나지 않느냐는 질문에 연애는 일찌감치 은퇴했다고 대답하곤 했다. 친했던 유태계 심리학 교수는 나의 명퇴 선언에 대해서 이렇게 농담을 했었다.

"남들은 명퇴하고도 다른 대학에서 다시 일을 시작해 돈을 두 배로 벌어요. 그러니 포기하지 마세요."

미국에서 명망이 높은 학자들은 자기가 일하던 대학에서 일찍 은퇴를 한 뒤 다른 대학으로 가서 교수직을 이어간다. 그렇게 양쪽 대학에서 연금과 월급을 모두 받는 경우를 종종 볼 수 있다.

사실 결혼생활 중 금슬이 좋았던 사람들이 배우자를 먼저 떠나보낸 후 더 빨리 재혼하는 경우가 많다고 한다. 결혼에 대한 좋은 기억을 가지고 있기 때문에 그 그리움에 비교적 빨리 새 사람을 만나는 건지도 모르겠다. 반대로 결혼생활이 힘들고 괴로웠던 사람들은 이후 두 번째 결혼을 선택하지 못하는 경우가 많다. 나의 경우가 그러하다. 결혼 후 시작된 생활이 너무나 힘든 기억으로 남아 있는 나에게 아무래도 명퇴는 계속 유지될 것 같기도 하다.

미국에 살 때 커뮤니티칼리지에서 몇 년간 성악을 배운 적이 있다. 내게 성악을 가르쳐 준, 지금도 페이스북 친구인 그 교수님은 일흔이 넘은 나이로 40년 넘게 성악을 가르쳐왔다. 하지만 그분은 스승으로서뿐만 아니라 본인의 외모 또한 완벽하게 관리하며 사시는 것으로 유명하다. 무대에 서는 성악가는 외모도 퍼포먼스의 일부이기 때문에 일상에서도 신경 써야 한다고 말씀하셨다.

어느 날 너무 멋지시다고 감탄을 했더니 "Getting old is not for sissies"라는 답이 돌아왔다. '나이 들어가는 것이 겁쟁이들한테는 어려운 일이지.' 단순히 외모 관리에 대해서 말씀하시는 것만은 아니었다.

시간이 흘러가면 아무것도 하지 않아도 자연히 나이가 들어간다. 생명을 가지고 있는 인간의 신체는 (뇌를 포함하여) 계속 변화한다. 이 변화를 성공적으로 관리하기 위해서는 시간을 그저 흘려보내기만 하면 안 된다. 발달은 유아기와 청소년기로 끝나는 것이 결코 아니기에 전 생애를 통해 적극적으로 학습하고 변화해야만 한다.

성공적으로 나이 들어간다는 것은 단편적인 개념이 아니다. 노화도 엄연한 발달과정이기 때문이다. 어린이나 청소년들이 어린이집을 다니고 학교를 다니고 학원을 다니고 체험학습을 다니면서 배우고 미래를 준비하는 것처럼 성인도 나이 듦에 대해 적극적으로 준비해야 한다. 이 준비는 단순히 연금과 같은 경제적인 준비만을 말하는 것은 아니다.

과거의 많은 연구들이나 사람들의 인식을 보면, 성공적으로 나이 든다는 것은 질병을 피하고 오래 산다는 것에 집중되어 왔다. 그러나 질병을 피하는 것에만 집중하는 것은 성공적 노화를 부정적인 개념으로 바라보는 것이다. 성공적으로 나이 들어간다는 것은 이보다 더 넓은 의미의 준비를 말한다. 주변 사람들에게 대접 받아야 한다거나 누군가를 의지해야만 살아갈 수 있다면 당신은 인생을 불안하게 살고 있음을 알아야 한다.

청소년기에는 장년기를 대비해 열심히 준비하는 시기이다. 그렇다면 장년기보다 더 길어진 노년기를 아무런 대비 없이 맞이할 수 있을까? 오히려 이전의 삶보다 더 적극적으로 노년을 준비해야 함이 마땅하다.

뇌는 스스로 자신을 보완한다

몇 년 전에 〈인턴〉이라는 할리우드 영화가 개봉했었다. 유명 배우 로버트 드 니로와 앤 해서웨이가 주연하여 좋은 평을 받은 영화다. 창업 1년 반 만에 직원 220명을 둘 정도로 빠르게 성장한 성공신화를 이룬 줄스(앤 해서웨이). 어느 날 그녀의 회사에 은퇴한 노신사 벤(로버트 드 니로)이 인턴직원으로 채용된다. 풍부한 인생경험을 무기로 젊은 창업주를 도와주는 일흔 살 직원의 삶의 지혜를 배울 수 있는 따뜻한 내용이다.

노화를 적극적이고 긍정적인 의미로 바라보는 연구자들이 많은데, 그들은 특히 전 생애에 걸친 지혜와 발달 중의 한 단계로서 노화를 바라본다. 신체적 건강이나 경제적, 사회적으로 탄탄하게 기반을 닦는 것도 중요하지만, 자기 스스로 충족감을 느낄 수 있는 활동을 하면서 인생을 누리는 것이 성공적인 삶의 요소이다.

인지노화에 대한 연구를 보면 오랫동안 인지적 퇴화 부문에만 집중해 왔다. 나이가 들어가면서 운동이나 반응 속도가 떨어지고 감각과 지각능력은 당연히 저하된다. 작업기억의 용량이 줄어들고 인지적 집행 능력이 저하되어서 새로운 것을 배우는 일이 더 어려워지기 마련이다. 급격히 변화하는 기술도 너무나 부담스럽다. 새로 스마트폰을 사면 자녀들이나 손주들에게 세팅을 해달라고 부탁할 수밖에 없다.

그러나 최근의 연구들은 반응 속도나 작업기억의 용량과 같은 양적인 변화보다 좀 더 질적으로 성공적 노화를 추구하는 쪽으로 접근 방향이 바뀌고 있다. 독일의 심리학자 폴 발테스Paul Baltes는 성공적 노화를 위한 전략으로 '선택, 최적화, 보완'을 제시했다. 이 이론은 선택Selection, 최적화Optimization, 보완 Compensation의 첫 글자를 따서 SOC이론으로 알려져 있다.[15]

폴 발테스의 SOC이론은 이러하다. 나이가 들어가면서 자신의 한계를 인정하며 모든 것을 해내려고 애쓰기보다는 인생에서 중요한 것을 '선택'하기, 그 선택한 것을 '최적화'하기, 자신의 부족한 부분을 '보완'하는 것이 지혜롭고 성공적으로 노화를 받아들이는 전략이라는 것이다.

폴 발테스는 나이가 들어 에너지가 줄어드는 것을 쇠퇴로 보지 않는다. 빠른 동작으로 많은 일을 해낸다고 행복한 것도 아니다. 인간은 성인 이전에 모든 부분에서 성장하고 성인 이후 모든 부분에서 쇠퇴하는 것이 결코 아니다. 성인 이후 신체적으로 쇠퇴가 나타나기는 하지만 어휘력이나 문제해결 능력은 오히려 증가하기도 한다. 삶의 경험을 바탕으로 한 지혜는 나이가 들어야만 가능한 특성이다.

나이가 들어가면서 '선택'의 중요성은 점점 커지는데 이는 다른 연구자들도 강조하는 부분이다. 스탠퍼드대학의 심리학자 로라 칼스텐슨Laura Carstensen은 '사회정서선택이론'을 제시한 바 있다. 이 이론에서는 인간이 자신에게 남아 있는 시간이 한정되어 있다는 것을 의식할 때 더 가치 있는 삶을 살 수 있다고 이야기한다.

일반적으로 늙음이 아닌 젊음을 추구하는 것이 사람에게 있어 당연한 일이다. 하지만 젊은이와 노인을 비교한 행복 연구들을 보면 노인이 더 행복하다는 결과가 나오곤 한다. 왜 그런 결과가 나오는 걸까?

생명의 한계를 인정하게 되면 모든 것을 다 하려고 애쓰기보다 선택을 하게 되고, 이런 선택이 가치체계의 변화를 만든다. 젊었을 때는 일에서 업적을 이루는 것을 높은 가치로 두는 경향이 있고 성취중심적인 목표를 가지고 산다. 그러나 나이가 들어가면서 이러한 가치체계는 성취가 아닌 정서적 목표로 변화하는 경향이 있다. 정서적 목표를 선택하고 집중하는 노인들은 정서적 조절능력이 높아지게 되므로 좀 더 삶을 행복하게 느끼게 되는 것이다.

뇌과학이 발달하면서 노화와 관련된 뇌 활동에 대하여 많은 연구가 진행되었다. 뇌는 알아서 스스로 보완한다. 뇌의 활동을 보기 위한 가장 대표적인 방법은 기능적 자기공명영상fMRI을 이용하여 뇌가 현재 사용하고 있는 산소의 양을 분석하는 것이다. 이렇게 산소의 양을 분석하는 것은 뇌의 특정 부위의 활성화를 볼 수 있게 한다.

사실 뇌 활성화의 결과를 해석하는 데에는 여러 문제가 있다. 예를 들어 뇌 활성화가 더 많이 이루어진다는 것은 무슨 의미일까? 뇌가 더 많이 일한다는 것은 그 인지기능이 활발하다는 것으로 간단히 생각할 수도 있다. 흔히 생각할 때 나이가 들어가면 뇌 활성화가 줄어들 것으로 예상할지도 모르겠다. 그러나 노인을 젊은이와 비교하면 기억과제를 수행할 때 노인의 전두엽 활동이 더 많아지는 경향을 보인다.

나이가 들어가면서 기능적인 수행은 떨어졌는데 뇌가 더 활성화된다면 이것을 어떻게 해석하는 것이 맞을까? 나이가 들면서 행동적 수행이 떨어졌는데 뇌 활성화가 늘어나는 것은, 곧 뇌가 줄어드는 효용성을 스스로 보완하기 위하여 활동량을 늘리는 것으로 해석된다. 다시 말해 행동적으로는 저하되지만 이와 연관된 뇌 활성화가 증가한다는 것은 곧 보완적 활동으로 볼 수 있다.

나이가 들면서 뇌의 보완적 활동을 보여주는 대표적인 경우가 좌뇌와 우뇌의 협동이다. 뇌는 꼭 필요한 만큼만 활동한다. 부분적인 활동만으로도 기능이 가능하면 나머지 뇌를 모두 쓰지는 않는다. 예를 들어 언어를 처리하고 표현할 때 대부분의 사람들에게서 좌뇌의 언어부위가 활성화된다. 그러나 노인들의 경우 언어를 처리할 때 좌뇌와 우뇌 양쪽 모두가 다 활성화되는 경향이 있다.

이렇게 좌 · 우뇌 각각의 반구들이 구별되어 활동하는 일이 나이가 들면서 줄어드는 것을 설명한 것이 '해롤드이론'이다. 해롤드HAROLD는 '노년기에 반구 간 차이가 줄어든다Hemispheric Asymmetry Reduction in Old Age'는 의미의 첫 글자들을 모아서 이름을 만든 이론이다. 이 이론의 모델은 인지적 부담과 뇌의 효용성을 뇌가 스스로 보완하는 뇌의 보완적 활동에 대해 설명한다.[16] 뇌의 특정 부위에서 담당하던 기능이 노년기에는 뇌의 여러 부위로 분산되어 활성화하기도 하고, 뇌의 활동 패턴이 과제에 따라서 선택적이기보다 전반적인 활동을 보인다는 연구들도 있다.

죽기 전까지 사람은 발전한다

이처럼 스스로 선택하고 최적화하고 보완하는 뇌라 할지라도 현대의 가장 두려운 질병으로 나타나는 것이 있으니 바로 치매이다. 알츠하이머 치매를 가진 뇌를 부검하면 건강한 뇌와 달리 특이한 두 가지 모습을 보인다. 베타 아밀로이드 단백질이 비정상적으로 뭉친 플라크plaque와 타우 단백질의 가닥과 신경세포들이 꼬인 탱글즈tangels가 전형적인 특징이다. 수많은 연구들이 진행되고 있지만 이 플라크와 탱글즈가 질병의 원인인지, 아니면 다른 질병으로 인한 결과인지조차 확정할 수 없다.

알츠하이머 치매 다음으로 흔한 치매는 뇌혈관 질환과 직접 관련이 있는 혈류성 치매다. 많이 알려졌듯이 뇌졸중이나 뇌출혈이 발생하게 되면 인지기능이 떨어지는 일이 많다. 최근 연구에서는 정상 수위에서 많이 벗어난 고혈압이나 저혈압이 인지

능력의 저하와 관계가 있다고 알려지면서 뇌혈관 기능과 인지 능력의 관계에 대한 연구도 많이 진행되고 있다.[17]

많은 질병의 검사와 예측은 통계적이고 확률적이다. 유전자 검사도 역시 마찬가지다. 치매를 일으킬 가능성이 더 많은 유전 자를 가지고 있다 해도 모두 치매 증상을 보이는 것은 아니다. 현재 치매에 많이 쓰이는 약도 기억과 관련된 뇌의 신경화학물 질인 아세틸콜린을 촉진하는 효과만 가능하며, 따라서 치매의 원인을 치료하는 것이 아니라 기억력 저하를 둔화시키는 정도 로 봐야 한다.

주변을 보면 치매환자는 점점 더 많아지고 있다. 내 부모님 은 괜찮을까, 혹 나중에 나도 치매에 걸리면 어쩌지 하는 염려 는 당연한 것이다. 이런 음식이 좋다더라, 이런 활동이 좋다더 라 하는 의견들도 제각각이다. 그러나 성공적인 나이 들기는 질 병을 피하기 위한 소극적인 접근이나 단편적으로 '이것 하나가 좋다'라는 정보가 아닌, 삶의 전체를 보는 적극적인 시각이 필 요하다.

켄터키대학교의 데이비드 스노든David Snowdon 교수는 678명 의 수녀들을 대상으로 알츠하이머 치매와 관련된 연구를 진행 하였다. 연구 대상자였던 노트르담 교육수도회의 수녀들은 교 육에 높은 사명감을 가진 사람들로서 이 연구의 참여에 동의하 였다. 모두 75세 이상인 이 수녀들은 남은 생애를 통하여 정기

적으로 행동검사 및 인지검사를 받았고 사후에 뇌를 기증하여 치매연구에 결정적인 공헌을 하게 되었다.[18]

놀라운 결과가 나왔다. 어떤 수녀님은 전혀 치매 증상을 보이지 않다가 85세에 심장마비로 돌아가셨다. 그런데 그분은 생전에 시행한 인지검사에서 꽤 높은 결과를 보일 정도로 인지 능력이 양호했는데, 막상 사후에 검사한 수녀님의 뇌에서 상당히 진척된 치매성 뇌신경 손상이 발견되었다. 그런가 하면 반대로 심한 알츠하이머 치매 증상을 보이던 한 수녀님의 경우, 사후의 뇌 부검에서는 미미한 손상만이 발견된 경우도 있었다.

최근에 미국 시카고 러시의료원의 로버트 윌슨 박사 연구팀의 연구결과는 더 높은 수준의 교육이 치매의 시작이나 진행 정도에 상관관계가 없다는 결과를 보여주었다. 2019년에 발표된 이 연구에는 평균연령 78세인 2,899명이 연구에 참여하였고 평균적으로 8년 동안 참여자들을 추적 관찰한 결과를 바탕으로 분석하였다. 이 연구결과를 보면, 나이가 들어서 교육 수준의 차이가 각 사람의 사고력이나 기억력의 우수함에는 어느 정도 상관관계가 있으나, 치매 발병이나 진행에는 아무런 영향을 끼치지 않았다는 것을 보여주었다.[19]

윌슨 박사는 나이가 들어서도 지속적으로 하는 활동들, 가령 외국어 공부나 사회적 활동, 인지 능력이 요구되는 여러 활동 등 의미와 목적을 둔 삶을 사는 일은 치매 예방에 도움이 된다고 하였다. 그리고 이런 활동들이 어린 시절의 학교 교육보다 훨씬 더 중요하다고 제시했다. 학습이 뇌의 발달에 긍정적인 영향을 끼친다는 것은 일반적인 결론이지만, 학교 교육을 넘어선 평생의 학습과 교육은 고령화 시대에 무척이나 요구되는 변화이다. 학습이 결국 뇌를 변화시키기 때문이다.

수녀들을 대상으로 한 켄터키대의 연구결과 중 언론에서 가장 조명을 받은 것은 치매와 글쓰기 스타일의 연관성에 관한 것이었다. 즉 젊었을 때 그 사람이 어떤 스타일로 글을 썼느냐에 따라서 알츠하이머 치매 발병을 높은 정확도로 예측할 수 있다는 것이다.

평생 동안 계속해서 학습하고 새로운 경험을 쌓는 것과 더불어 뇌의 노화를 되돌리는 가장 결정적인 활동은 유산소운동이다. 운동이 건강에 중요하다는 것은 새로운 이야기가 아니지만, 최근의 연구들은 운동이 노인의 인지기능을 향상시킬 뿐 아니라 뇌신경 세포들의 연결을 증가시킨다는 사실을 확인하였다.

평소 운동을 잘 하지 않던 60세 이상의 참여자들이 몇 개월간 꾸준히 유산소운동을 한 결과 인지기능이 향상되었다는 것을 보여주었다. 특히 운동으로 향상된 인지기능은 노화와 더불어 가장 많이 퇴화한다고 알려진 뇌의 전두엽과 관련된 집행기능이다. 집행기능은 계획, 억제 및 통제 능력을 담당하는 기능이다.

더욱 놀라운 것은 속속 진행된 후속 연구들을 통해 성인들이 유산소운동을 꾸준히 할 때 뇌의 백질과 회백질의 부피가 증가되었다는 것을 밝혀냈다.[20] 뇌의 백질은 신경섬유를 싸고 있는 미엘린이 흰색 지방질로 되어 있기 때문에 흰색으로 보이며 신경세포들의 연결을 보여준다. 회백질은 신경세포체와 모세혈관으로 이루어져 있는 구조이다. 즉 이 연구는 유산소운동이 젊은이가 아닌 노인들 뇌의 신경세포까지 성장시키는 결과를 보여주었다.

신체적 피트니스가 인지기능에 미치는 영향을 좀 더 많은 연구를 바탕으로 일반화하기 위하여 일리노이대학의 스탠리 콜콤브Stanley Colcombe와 아트 크레이머 교수가 메타분석을 통해 피트니스 훈련이 노인의 인지기능에 미치는 영향을 연구하였다. 1966년에서 2001년 사이에 출판된 18개의 고령자 대상 피트니스 개입연구를 토대로 메타분석을 통해서 조사하였다.[21] 이 메타분석에서는 피트니스 훈련이 인지기능에 미치는 영향을 집행과제, 통제과제, 공각과제, 속도과제 등 네 가지 인지과제로 나누어 분석하였다.

먼저 운동은 이 네 가지 과제들 모두 의미 있게 향상시켰으나, 피트니스 훈련이 모든 인지기능을 동일하게 향상시키는 것은 아니었다. 피트니스 훈련의 덕을 가장 많이 보는 것으로 나타난 기능은 계획이나 통제 능력을 담당하는 집행기능이었다.

어떤 내용으로 피트니스 훈련을 하느냐, 그리고 한 번 운동할 때 얼마만큼의 시간이 더 효과적이냐에 따른 결과도 차이가 있었다.

장기간 꾸준하게 운동할 경우 더 효과가 높고, 한 가지 종류만 단독으로 하는 것이 아닌, 즉 유산소운동과 근력 운동을 함께 할 경우 유산소운동만 하는 것보다 효과가 높았다. 매번 운동시간이 30분 이내로 짧은 경우에는 인지기능에 있어 향상 효과가 별로 나타나지 않았다. 이 연구결과를 통해, 인간은 전 생애를 통하여 인지기능이나 뇌신경계의 유연성이 지속될 수 있다는 점을 알 수 있다.

또 한 가지 성공적으로 나이 드는 것에 필요한 요소는 사회적인 활동이다. 프린스턴대학의 연구팀에서 쥐를 대상으로 실험한 결과 사회적으로 고립될 때 유산소운동의 효과가 지연된다는 것을 발견했다.[22] 쥐를 두 부류로 나뉘어 한쪽은 고립된 채 지내온 쥐, 다른 한쪽은 여러 마리가 함께 모여 있었던 쥐, 이렇게 두 쥐에게 달리기를 시켜보니 큰 차이가 보였다. 고립되어 지내는 쥐는 신경 생성이 지연되고 있음이 드러난 것이다.

달리기를 하는 쥐들이 운동을 하지 않는 쥐들에 비해서 해마의 신경세포가 증가하고 신경성장인자인 BDNF Brain derived neurotrophic factor의 발현도 증가했으며 공간학습 또한 향상되었다. 즉 쥐를 대상으로 실험해보니, 달리기가 신경 발생을 억제하는 스트레스 호르몬을 증가시킴에도 불구하고 학습과 기억에 관련된 신경 발생 또한 증가하고 공간학습능력도 증가한 것이다. 이는 역설적으로 보일 수 있다.

스트레스 호르몬은 정상적인 생리적 활동을 위하여 대처하는 역할을 하기 때문에 과도하지 않은 스트레스는 반드시 부정적인 것만은 아니다. 쥐들이 달리기를 하는 동안은 스트레스 호르몬인 코르티코스테론의 수위가 높아진다. 집단으로 생활하는 쥐들은 달리기를 하는 동안에만 이 수위가 높아지는 데 반해, 고립되어 생활하는 쥐들은 달리기를 하지 않는 이외의 시간에도 코르티코스테론의 수위가 높은 것으로 나타났다.

피츠버그대학의 커크 에릭슨Kirk Erikson 교수와 일리노이대학의 아트 크레이머 교수가 최근 20년 동안 인지 노화 연구를 종합하여 내린 결론은 간단하다. 적당한 수준의 유산소운동이 나이가 들어가면서 뇌의 노화를 막는 예방 조치로 작용할 수 있다. 더구나 이미 노화가 진행된 뇌라고 할지라도 피트니스를 증진시키는 운동이나 여러 신체활동을 활발히 해왔을 때 뇌의 손상으로 인한 장애의 위험성을 크게 줄일 수 있다.

최근의 연구들은 운동과 신체활동이 치매의 발생을 막는 데 도움이 될 수 있음을 보여주고 있으나 이미 치매가 상당히 진행된 경우에는 운동치료의 효과가 얼마나 나타날 수 있는지는 아직까지 알려져 있지 않다. 이런 연구결과들 가운데 우리가 배우게 되는 점은 신경 쇠퇴가 많이 진행되기 전에 미리미리 신체를 활발하게 움직이며 사는 것이 중요하다는 것이다. 유산소운동을 포함한 활동적인 라이프 스타일은 인지 능력과 뇌 기능을 높여주며 특히 노인에게 자주 발생하는 뇌신경 쇠퇴를 되돌릴 수 있다.

성공적으로 나이 드는 것은 단편적인 것이 아니다. 신체적인 에너지가 떨어져도 선택, 최적화, 보완이라는 전략을 통해 성공적으로 나이 들 수 있다. 뇌는 스스로 보완하는 기제를 가지고 있으므로 우리 전 생애를 통해 발전할 수 있다. 지속적인 학습, 운동, 그리고 사회적 활동을 통해 젊을 때만이 아닌 나이가 들어서도 발전과 개발을 지속할 수 있는 것이다.

말보다 더 강력한
정서 소통

애증의 영어 이야기

내가 미국에 처음 건너갔을 때가 대학교 2학년 때였다. 여름 방학을 맞아 미국에서 유학 중이던 친오빠를 만나기 위해 언니와 함께 미국행 비행기를 탔다. 보스턴에서 살던 오빠는 우리를 마중하기 위해 뉴욕까지 와 주었다. 그리곤 우선 뉴욕의 관광지부터 돌아보자며 가장 먼저 안내한 곳이 록펠러센터였다. 야외에 예쁘게 자리한 록펠러센터 내의 레스토랑이 너무 멋져서 한동안 감탄했던 첫인상이 지금도 기억이 선하다.

그곳에서 식사 전에 나는 손을 씻기 위해 화장실에 갔다. 손을 다 씻고 나서려는데 한 백인 아주머니가 화장실 문을 열며

들어오자마자 내게 무언가를 물었다. 재빨리 알아들을 수 없어 당황했던 나는 어쩔 수 없이 일단 "예스"라고 대답해 버렸다. 그랬더니 아주머니는 고개를 끄덕이며 그 자리에 가만히 서서 기다리시는 것이었다.

곰곰 생각해보니 아주머니가 내게 건넨 말은 "아 유 인 어라인Are you in a line?"이었던 것 같다. 화장실을 사용하기 위해 줄을 서 있는 거냐고 내게 물어본 것인데 '예스'라고 대답을 해버렸으니 이를 어쩌지…… 그냥 나가는 것도 황당한 일이 될 것 같았다. 결국 나는 빈 화장실 칸에 일부러 들어가 괜히 변기 물만 한번 내리고 나왔다. Are you in a line? 내가 미국에서 제일 처음 배운 표현이었다.

여행을 다니면서 쓰게 되는 영어는 그리 어렵지 않았고, 몇 마디 말만 통해도 그렇게 신이 날 수가 없었다. 그러나 몇 년 후 내가 본격적으로 유학길에 올라 대학원에서 다른 미국 학생들과의 경쟁이 시작되자 여행에서의 영어와는 완전히 다른 상황이 되었다.

특히 내가 전공한 심리학과는 유난히 말발이 중요한 전공이다. 그러다 보니 미국 학생 중에서도 말을 정말 잘하는 학생들이 많았고 그 틈에서 나는 늘 기가 죽어지낼 수밖에 없었다. 글 쓰는 것은 더 어려웠다. 영어로 작성하는 것 자체도 힘이 드는 일인데 한 편의 논문을 완성하는 일은 현실적으로 내게 도저히 가능하지 않은 일이었다. 지금도 생각한다. 그때 내가 작성한 영어 논문을 거의 다 뜯어 고쳐주신 지도교수님이 아니었다면 나는 무사히 박사과정을 마칠 수 있었을까.

심리학과 내에서도 다행히 친하게 지낼 몇몇 친구들이 생겼고 가끔씩 파티에도 초대를 받았다. 그렇게 사람들과 어울리면서 나의 유학 생활은 제법 살 만해졌고 그에 따라 영어를 쓰는 일도 차츰 편해지기 시작했다. 격이 없이 꽤 친해진 친구들은 내 영어 발음을 놀리면서도 틀린 발음을 잡아주었다.

자동차를 좋아하는 내가 차에 대해 이야기하다가 "페라리"라고 발음하자 주위 친구들이 배를 잡고 웃기 시작했다. 어리둥절하던 내게 친구들은 웃음을 쉽게 그치지 못하며 설명해주었다.

"그 단어는 두 번째 음절에 힘을 주고 '퍼라리'라고 말해야 해."

캘리포니아에서 박사후 연구원을 할 때 나는 연구소의 다른 두 연구원들과 금세 친해져 매일 같이 함께 점심을 먹으며 수다를 떨었다. 연구원 한 명은 이란계 미국인 남자였는데, 보수적인 가정환경 속에서 자라온 사람으로서 이미 결혼하여 한 아이의 아빠이기도 했다. 또 다른 연구원은 자유연애주의자인 젊은 백인 남성이었다.

우리 세 사람은 정치적, 종교적, 문화적으로 너무나 다른 배경을 가지고 있다 보니 가십과 논쟁과 농담으로 대화가 끝날 틈이 없었다. 덕분에 나는 그들과 온갖 주제로 논쟁을 벌이다보니 자연히 영어의 말발이 점점 늘어갔다.

본격적으로 교수가 되어 강의를 시작한 나는 우려와는 달리 영어로 강의하는 것이 편해졌다. 그렇지만 여기까지 오는 데 걸린 긴 시간과 노력을 생각하니 결코 수월한 일은 아니었다. 1991년에 미국으로 유학을 떠났고, 교수로 임용되어 강단에 서기 시작한 때가 2001년이었으니 그 시기가 딱 10년, 다시 말해 영어가 편해지는 데 10년의 세월이 걸린 것이다.

이제 미국에서 20년을 넘게 살다보니 영어를 꽤 편하게 쓰고 있다. 특히 심리학 강의를 할 때는 심리학 용어가 한국어로는 익숙하지 않아서 그런지 한국어보다 영어가 더 편하기까지 하다.

미국에서 태어나 지금까지 쭉 미국에서 자란 딸 유진이에게는 당연히 영어가 모국어가 되었다. 한국 친구들과 놀 때 말고는 특별히 한국어를 쓸 일이 없다. 하지만 그런 유진이도 집에서 나와 대화할 때 내가 한국어로 말하는 것을 좋아하곤 했다. 딸의 표현을 그대로 이야기하자면 '엄마가 한국말을 하는 것이 더 예쁘게 들린다'는 이유에서다. 지금도 한국어로 미국에 있는 딸과 전화 통화를 하면 주로 하는 이야기는 거의 다 걱정하며 물어보는 말뿐이다.

"우리 딸 오늘 재미있었어? 일하는 건 힘들지 않았어?"

내가 미국에 있는 딸과 전화하는 모습을 옆에서 지켜본 사람들은 꿀이 뚝뚝 떨어진다고 말한다. 하지만 그들이 모르는 이야기가 있는데, 이는 우리 모녀가 한국어로 대화할 때만의 이야기다. 예전부터 유진이는 내가 영어로 얘기하면 엄마 같지 않고 선생님 같다고 말하곤 했다.

딸이 어렸을 때 뭔가 나무라거나 훈육할 일이 생기면 나는 항상 영어로 지적을 하곤 했었다. 아이는 기본적인 한국어는 다 알아 듣긴 했지만, 영어가 모국어인 딸이 엄마가 한국말로 전하는 구체적인 항목들을 못 알아 들을까봐 영어로 하나하나 짚어서 강조하곤 했다. 그랬으니 딸에게 엄마가 쓰는 영어는 훈육용 내지는 잔소리용 언어가 되었던 것 같다.

영어로만 이야기해야 하는 다른 사람들이 함께 있을 때는 그 사람들이 불편하지 않도록 우리 모녀도 영어로 이야기하지만, 딸과 단 둘이 있을 때 영어를 쓰면 어색하고 행복한 대화가 되지 못한다.

친분이 있는 러시아 교수가 이와 비슷한 이야기를 했었다. 이 러시아 교수도 미국에서 직장을 가진 지 꽤 오래 되었기 때문에 미국에서 결혼하여 아이를 낳아 키웠다. 교수의 자녀들은 어릴 적부터 밖에 나가 동네 아이들과 놀기도 하고 어린이집이나 학교를 다녀야 하니 당연히 집 바깥에서는 영어를 쓸 수밖에 없었다.

그러다 이 러시아 교수 부부는 자녀들에게 부모 나라의 모국어와 문화도 배우게 하자는 뜻에서 집 안에서는 러시아 말만 쓰도록 교육하였다. 그런데 아이들은 밖에서 친구들을 만나 놀이터에서 뛰어 노는 것이 일상인데, 막상 집에 들어오면 공부하라거나, 방을 치우라거나, 들어오면 먼저 깨끗이 씻으라거나 하는 소리를 듣기 마련 아닌가.

결과적으로 이 아이들에게 있어 영어는 놀이터에서 친구들과 즐겁게 놀 때 쓰는 즐거운 언어이고, 러시아어는 부모의 명령과 지시로 다가오는 훈육용 언어가 되었다. 그러니 러시아어만 들으면 당연히 스트레스를 받게 된 것이다.

정서적 소통으로 미래를 예언하다

언어와 정서는 둘 다 의사소통의 수단이다. 언어가 의사소통의 수단이라는 것은 누구나 알고 있는 사실이지만, 정서는 나 자신에게 혹은 주변 사람들에게 내 상태를 전달하는 역할을 하므로 정서 역시 의사소통의 수단이다. 따라서 이 두 과정이 쉽게 연합하는 것은 놀라운 일이 아니다.

얼굴 표정, 말투, 억양, 손짓, 몸짓 등은 말 자체로 하는 소통보다 훨씬 더 중요하다. 똑같은 문장을 말해도 말투에 따라서 칭찬이 될 수도 있고 비꼬는 말이 될 수도 있다. 얼굴 표정만 보고도 이 사람이 나에게 호의적인 사람인지 적대적인 사람인지 알 수 있다. 어깨를 툭 떨어뜨리고 천천히 걷고 있으면 지치고 힘들어하는 것을 알 수 있다.

문자로 이야기할 때는 이런 비언어적인 단서가 없어지기 때문에 더 효율적인 의사소통을 위해서 많이 쓰이는 것이 바로 이모티콘이다. 내가 하는 말이 농담인지 아니면 진지한 내용인지, 위로하는 말인지 비난하는 말인지, 이런 것을 구별하기 위해서 비언어적 단서 없이는 의사소통이 어렵다.

이런 비언어적 의사소통의 정보는 지극히 정서적이다. 가까운 친구나 가족들과 하는 문자 메시지는 정보 교환보다 정서적 교류가 더 중요하기에 말보다 이모티콘을 더 많이 사용하기도 한다. SNS 게시물에 '좋아요'를 클릭하는 것도 마찬가지다. 친구가 포스팅한 사진을 내가 보았다는 것, 그 사진에 관심을 가져주는 것, 그리고 그 친구의 삶에 긍정적인 지지를 보낸다는 의미의 정서적인 의사소통을 한 것이다.

워싱턴대학의 심리학자 존 고트먼John Gottman은 결혼생활의 성공과 실패의 요인을 찾기 위한 연구에서 여러 신혼부부들의 소통하는 모습을 분석하였다. 부부 간의 소통 속에서 정서적인 교류를 분석할 수 있었는데, 존 고트먼은 몇 분만 분석해도 어떤 신혼부부가 오랫동안 행복한 결혼을 유지할 수 있는지, 아니

면 이혼하게 될지를 예측할 수 있다고 하였다.[23]

존 고트먼의 실험실을 방문한 신혼부부들은 모두 지시문 한 장을 받았는데 여기에는 결혼한 후 의견충돌이 있었던 내용에 대해서 서로 이야기해보라고 쓰여 있었다. 그리고 이 연구에 참여한 부부들이 서로 상호작용하는 모습은 모두 비디오로 녹화되어 분석에 사용되었다.

이 연구에 따르면 부부가 소통하는 모습을 15분만 분석해도 이 부부가 15년 후에 계속 부부로 살지, 아니면 이혼하게 될지 90퍼센트의 정확도로 예측할 수 있다고 했다. 15분을 넘어한 시간 동안 분석하면 그 예측률은 95퍼센트까지 높아졌다. 부부의 이혼 가능성을 예측할 수 있는 아주 미세한 정서적 정보를 짧은 시간 내에 찾아내는 것이 가능하다는 것을 이 연구가 보여준 것이다.

고트먼은 결혼생활의 징후를 찾을 수 있는 정서적인 기제를 '4명의 기수four horsemen'라고 이름 붙였다. 4명의 기수란 방어적 자세, 의도적 회피, 냉소, 경멸을 뜻하며, 이 네 가지에만 초점을 맞추어도 어떤 부부의 결혼생활이 유지될지 아닐지 알 수 있다는 것이다.

특히 부부 중 어느 한쪽 또는 양쪽 모두에서 상대방에게 경멸의 감정을 보이는 경우가 결혼생활에 있어 가장 중요한 적신호라는 점을 알아냈다. 고트먼은 실제로 부부 사이에 경멸이 오가는 상호작용을 측정하면 그 부부가 얼마나 감기에 자주 걸리는지도 예측이 가능하다고 하였다. 사랑하는 사람에게서 경멸을 당하면 그 스트레스로 인해 면역체계가 약해진다는 사실을 알 수 있다. 이렇게 짧은 시간에 정보의 조각을 가지고 필요한 정보를 찾아내는 것을 '얇게 조각내기thin slicing'라고 한다.

이것과 비슷한 맥락으로, 어떤 의사가 의료사고로 인해 환자로부터 고소를 당할지 아닐지를 예측하기 위해서는 그 의사가 지금까지 행해왔던 의료기술과 오류의 기록보다도, 오히려 의사와 환자 사이에 오가는 짧은 대화를 듣는 것이 더 유용한 정보가 된다.

의사가 거만하거나 목소리에 우월감이 느껴진다면 그 의사는 고소당할 가능성이 더 많을 것이다. 반면에 의사의 목소리에 우월감이 없고 환자를 배려할 경우 고소당하지 않을 가능성이 더 커진다. 이런 차이는 의사의 의료적인 능력과는 상관이 없다. 그 대신 의사와 환자 사이의 상호작용이라는 정서적인 측면이 훨씬 중요하다.

이런 '얇게 조각내기'는 특별한 재능이 아니고 누구나 갖추어야 하는 중요한 능력 중 한 부분일 뿐이다. 새로운 사람을 만나거나 빨리 무언가를 결정해야 할 때 우리는 짧은 시간에도 세세한 면에 주의를 기울여야 보다 많은 것을 얻을 수 있다. 이런 능력이 전문적인 영역에 적용될 때 흔히들 '전문가의 감각이 좋다'고 한다. 이런 감각이 있다는 것은 다시 말해 자신이 가진 전문성을 정서적인 과정으로 지각하는 능력이라고 할 수도 있다.

정서는 효율적인 정보처리와 소통을 목적으로 한다. 순간적인 선택으로 의사결정을 하는 경우가 많은데, 그렇다고 순간의 결정이 이모저모 고심하면서 결정한 결과보다 더 나쁘다고 할 수도 없다.

인지심리학자들은 사고와 의사결정 과정을 두 가지로 나눌 수 있다고 설명한다. 첫째는 의식적이고 논리적인 사고 과정이다. 우리가 배운 것들을 다 종합하여 결론을 내리는 체계적인 과정을 말한다. 둘째는 의식적으로 깨닫지 못하고 순간적으로 결론을 내리는 사고 과정이다. '정확히 왜 그런지는 모르겠지만 어쨌든 이렇다'는 확신을 주는 방법인 것이다.

누군가 새로운 사람을 만나면 그 사람에 대해 평가하게 된다. 이 첫인상의 평가도 무의식의 적응적인 활동으로 볼 수 있다. 이런 빠른 인지 과정에서 의식적으로 알 수 있는 사고 과정은 이것이 좋다 혹은 나쁘다 하는 종합적인 느낌일 뿐이다.

정서를 통해 상호작용하다

우리의 정서는 가족이나 친구들의 기분에 쉽게 전염된다. 태어난 지 얼마 안 된 아기도 엄마의 정서에 의해서 많은 영향을 받는다. 이런 정서의 전염은 말보다 훨씬 더 강력하다. 상대방이 슬프다는 것을 알아들은 정도가 아니라 나도 슬퍼지는 것은 막강한 설득력을 가지고 있는 의사소통의 수단이다.

슬픈 영화를 보면 슬퍼지고, 밝은 음악을 들으면 기분이 밝아지기도 한다. 긍정 정서를 표현하지 않는 사람들이나 정서에 반응하지 않는 사람들과 사회적으로 상호작용하면 혈압이 높아진다는 연구결과도 있다. 정서와 기분이 전염된다는 것은 사실 우리가 항상 경험하는 일이다.

독일 부츠버그대학의 심리학자 롤랜드 뉴먼Roland Newmann과 프리쯔 스트랙Fritz Strack은 사람들의 기분상태가 자신이 노출되어 있는 환경에 존재하는 타인들의 기분과 닮아간다는 것을 보여주었다. 사람들이 의식적으로 따라하려 하지 않아도 그 환경에 노출된 것만으로도 정서적으로 전염이 이루어진다는 것이다.[24]

이 실험의 참여자들은 딱딱한 내용의 철학적 기사를 녹음된 목소리로 듣게 되었는데, 이 녹음된 목소리는 기쁘거나 슬프거나 하지 않고 중립적인 정서 상태를 이어간다. 참여자들은 녹음된 목소리를 배경으로 들으면서 다른 간단한 과제를 수행해 나갔다. 이 과제가 끝나고 참여자들은 방금 들은 철학적 기사의 대본을 소리 내어 읽어보라는 과제를 받았고 연구진은 이 과제를 모두 녹음하였다.

그 결과, 연구 참여자들은 자동적으로 스스로가 느꼈던 목소리의 정서에 따라서 대본을 읽었다. 방금 전에 그들은 다른 과제를 수행 중이어서 녹음된 목소리가 흘러나올 때 그 특유의 분위기 자체에 관심을 기울이거나 기억에 담아두지 못했다.

다만 녹음된 목소리가 기쁜 느낌이었다고 생각한 참여자들은 기쁘게, 녹음된 목소리가 슬픈 느낌이었다고 생각한 참여자들은 슬픈 목소리로 기사를 읽었다. 슬프게, 혹은 기쁘게 들은 이유는 정확히 모르겠지만 자기도 모르게 그렇게 들렸다는 대답이었다.

뿐만 아니라 슬픈 혹은 기쁜 목소리로 녹음 목소리를 들은 참여자들은 자신이 느낀 바대로 자기 기분까지 목소리의 기분에 전염되어 슬픈 혹은 기쁜 정서를 갖게 되었노라 보고하였다. 사회적 상호작용이라고 전혀 부를 수도 없는, 그저 녹음된 타인의 목소리를 듣는 것만으로도 이러한 과정이 이루어진다는 점을 주의 깊게 봐야 한다.

정서는 외적으로는 소통의 수단이지만 내적으로도 소통의 역할을 한다. 정서정보이론에 따르면, 사람들은 정서적 경험을 정보의 하나로 취급하여 의사결정을 돕는다. 그런 의미에서 정서는 마치 화폐처럼 여러 가지 다른 정보들을 하나의 가치로 정리하여 표현하는 것이다.

뇌손상으로 인해 정서적 반응을 할 수 없게 된 환자들은 다른 모든 인지적 기능에 특별한 이상이 없어도 아주 일상적인 의사결정도 하기 어려워한다. 효율적인 정보처리는 인간에게 있어 매우 중요한 정서의 목적이다. 그런데 정서는 행동을 위한 것뿐 아니라 표현하고 감지하는 것, 그리고 사회적인 면까지 포함하고 있다.

많은 연구들이 보여주지만 사람이 낼 수 있는 표정은 일반적이다. 다른 나라에 가서 다른 인종의 사람들을 만나도 기쁘고 슬프고 화가 나는 기본적인 정서의 표정이 유사하다. 정서 표현은 사회적인 것에 그 목적을 두고 있다. 내가 슬플 때 나눌 수 있고 도움을 요청하는 제스처라고 할 수 있다.

심리학에서 설명하는 정서는 생리적, 인지적, 행동적, 이렇게 세 가지 측면을 가지고 있다. 정서의 첫 번째 요소인 생리적 반응은 혈압의 변화, 호흡의 변화, 심장박동의 변화, 동공의 변화, 근육이나 피부전기반응 등으로 나타난다.

두 번째 정서의 요소는 인지적인 측면으로서, 긍정적인 혹은 부정적인 정서로 해석될 수 있다. 책의 앞장에서도 예를 들은 바 있지만, 결혼식을 앞둔 신부는 인생에서 가장 행복해야 할 순간임에도 동시에 스트레스를 엄청 받는다. 결혼이라는 긍정적인 상황 앞에서도 신체에는 스트레스로 작용할 수 있다는 얘기다.

정서의 세 번째 요소는 행동적인 측면이다. 정서는 얼굴 표정으로, 신체 움직임으로, 언어적으로 다양하게 표현된다. 모든 사회에 공통적으로 통용되는 기본 정서도 있으며, 문화에 의해서 영향을 받아 문화에 따라 각기 다르게 표현되는 정서적 표현도 존재한다.

언젠가 교통방송에서 보복운전에 대해 코멘트를 해달라고 요청을 받은 적이 있다. 한국에 있는 영어권 청취자를 대상으로 하는 영어방송이었다. 한국어로는 보복운전이라 부르지만 이에 해당하는 영어가 마땅히 없어서 고민이 되었는데 'road rage(도로의 분노)'라는 표현이 그나마 가장 적합한 것 같았다. 보복운전이라는 단어를 영어로 직역해서 'revenge drive'라고 하면 무슨 뜻인지 알 수 없는 표현이 된다. 그런데 한국의 보복운전은 거칠고 위험하게 운전한다는 것과는 또 다른 뜻을 갖고 있지 않은가.

분노는 사회적인 감정이다. 다른 차가 계속 끼어들면 위험하기도 하고, 신호를 놓쳐서 늦어질 수 있어서 짜증스러운 것도 사실이다. 그러나 끼어들기 자체만으로 보복을 해야 할 만큼 상대방에 대한 울분을 일으킨다고 할 수는 없다. 분노는 여러 환경적 요소를 동반한 것이지만, 주어진 상황에 대해서 내가 어떻게 해석하느냐에 따라 만들어낸 감정이 분노이기도 하다.

운전을 하다 가벼운 접촉사고를 당했는데, 사고를 유발한 상대 운전자가 알고 보니 내가 무척 좋아하는 배우나 가수였다면 어떠할까. 화가 나기는커녕 운수 대통한 날이라고 생각하지 않을까. 인지적 재평가는 상황을 다르게 해석함으로써 정서를 조절할 수 있는 것이다. 이것은 현재의 정서를 억제하는 것과는 다르다.

3부

뇌는 춤추고 노래하고 운동하는
삶을 원한다

춤을 추면
뇌가 젊어진다고?

누군가에겐 인생을 바꾸게 한 춤

내가 우연히 알게 된 유태계 러시아인 싸샤는 그녀 나이 서른두 살 때 러시아에서 뉴욕으로 옮겨 왔다. 부모님과 두 아이를 책임져야 하는 싱글맘이었던 싸샤는 뉴욕에 온 이후 금융가에서 프로그래머로 일하기 시작했다. 자유로운 영혼이었던 싸샤는 금융가를 그다지 좋아하지 않았지만, 영어가 서툴렀던 이민 초기에 금융권이라는 안정된 직장을 구할 수 있었던 것만도 행운이라 여겼다.

러시아 국가보안위원회에 쫓겨 다니던 전 남편과는 연락이 끊어진 지 오래였다. 할렘과 인접해 있는 워싱턴 하이츠라는 지역의 허름한 아파트에서 그녀의 다섯 식구의 새로운 인생이 시작되었다. 혼자 힘으로 미국에서 다섯 식구의 생계를 책임져야 했던 싸샤는 낮에는 프로그래머로 일하고 밤에는 영어를 배우러 다녔다. 다행히 자녀들은 잘 자라주었고 부모님도 친한 지인들을 만들어가는 등 뉴욕이 새로운 고향이 될 정도로 잘 적응하였다.

그러나 가족의 생계를 책임지고 있던 그녀의 인생은 너무나 여유 없이 흘러갔다. 예술을 좋아하고 자유로움을 추구하던 싸샤는 컴퓨터 앞에서 하루 종일 코딩을 하는 삶이 행복하지 않았다. 자신의 젊은 시절이 그저 일 속에 파묻혀 흘러 가버리는 것이었다. 잘 자란 아이들은 대학을 가면서 집을 떠났고, 그녀의 부모님은 영어를 하지 않고도 살 수 있는 뉴욕 근교의 러시아 시니어 커뮤니티로 들어가셨다.

혼자 남게 된 싸샤는 그간 살아온 워싱턴 하이츠를 나와서 맨해튼 북부의 주택가로 거처를 옮겼다. 그때부터 그 동안 일에 묻혀서 하지 못했던 새로운 생활을 시작했다. 원래 춤을 좋아했던 그녀는 본격적으로 살사댄스를 시작했고 마렝게이 댄스 모임에도 참여하였다. 몇 년 전 아르헨티나를 방문하고 온 이후부터는 아르헨티나 탱고에 푹 빠져서 본격적으로 탱고를 추기 시작하였다. 춤을 추면서 사교 생활이 많아지게 되자 자연스레 새로운 인연을 만나 재혼까지 하게 되었다.

일주일에 다섯 번씩 저녁 늦게 탱고를 추러 가는 싸샤는 몇 년 만에 프로급 탱고 전문댄서가 되었다. 이제는 국제 페스티발에 출전하기도 하고 탱고 마라톤에도 참여할 정도다. 나이와 아무 상관없이 여전히 아름다운 싸샤는 지금도 육십이 가까운 나이가 믿어지지 않을 정도로 아름답고 정열적인 댄서로 살고 있다. 한마디로 춤이 그녀의 인생을 행복하게 만들어준 것이다.

내가 대학을 다니던 시절에는 교양체육이 필수 과목이었다. 선택의 여지가 많지 않아서 한국무용을 수강하게 되었던 나는 낙제점을 받았고, 춤에는 소질이 없다고 일찌감치 포기해버렸다. 그 이후에 특별히 춤이라기보다 유산소운동으로 에어로빅 강좌를 듣기도 하고 탭댄스를 수강하기도 했지만 춤에는 여전히 자신이 없었다.

미국에서 대학원을 다니던 시절에 살사댄스가 한창 유행했다. 심리학이 전공이지만 살사를 전문가처럼 추던 나의 클래스메이트가 살사를 교양강좌로 지도하던 적이 있어서 그로부터 몇 차례 배워보았다. 하지만 이런 수준으로는 살사댄스 클럽에서 제대로 춤을 추기는커녕 같이 간 친구들에게 민폐가 될 것 같아 살사도 결국 포기하였다.

그때 살사댄스를 매우 열심히 배우던 한 친구는 박사학위를 받은 이후에 정보통신 회사에 취업했지만 그 사이에도 잠시도 쉬지 않고 살사댄스를 계속 추었다. 나중에는 댄스 안무가로 커리어를 바꾸어 활동할 정도였다.

인지 노화는 내 연구 분야 중 하나다. 신체적 활동과 움직임이 나이가 들어서도 기억력이나 주의력과 같은 인지기능을 향상시킨다는 연구에 직접 참여해서 논문을 내기도 했다. 그러다 보니 리듬이 뇌의 도파민 기제를 강화한다는 연구결과를 접하게 되었고, 그에 따라 춤을 추는 움직임이 신체적, 사회적, 정서적으로 어떤 영향을 미치는지에 대해서도 관심을 갖게 되었다. 인지심리학과 뇌과학을 연구하면서 동시에 춤 예찬론을 펼치던 나는, 뇌에 이토록 좋은 춤을 나부터 실천해야겠다고 늘 생각으로만 지녀왔었다.

춤에는 여전히 자신이 없지만 그런 내게 시간이 지나 다시 춤을 배울 기회가 생겼다. 댄스스포츠 동아리에 가입하여 2년간 룸바, 차차차, 자이브, 파소도블레, 탱고, 왈츠 등을 배웠다. 그 중에서 내가 가장 좋아했던 종목은 왈츠였다. 클래식 음악에 맞추어 잘 짜인 왈츠의 동작이 꽤 우아하고 아름답기 때문이다. 왈츠를 생각하기만 해도 등이 곧게 펴지고 목을 똑바로 세우게 된다.

다른 댄서들의 움직임을 보면 감탄스럽고 그 아름다운 움직임에 저절로 힐링이 되지만 실제로 댄스스포츠를 하는 것은 결코 쉽지 않다. 아무리 반복하여 배워도 다음 시간이 되면 모든 동작이 새롭기만 하다. 그런 나를 보고 선생님은 한숨을 쉬곤 했는데, 나중에서야 하셨던 말씀이지만 춤을 추는 나를 보고 전혀 가능성이 없을 거라 생각하셨다고 한다.

그래도 시간이 지나면서 구부정하던 자세가 좋아지고 기본 동작은 외워서라도 따라하는 것이 가능해졌다. 댄스스포츠 대회를 보러가기도 했고 유튜브로 선수들의 영상을 자주 접하면서 댄스의 동작을 좀 더 이해하게 되었다. 그렇지만 사교댄스인 댄스스포츠를 즐길 기회가 생각보다 많지 않아서 아직까지도 아쉬움으로 남아 있다.

이토록 즐거운 비언어적 대화

댄스스포츠는 몸으로 하는 나의 표현이자, 파트너와 함께 하는 대화다. 커플댄스인 댄스스포츠를 배울 때, 처음에는 두 사람이 어떻게 말도 하지 않으면서 동작을 맞추어 나가는지 도저히 이해가 되지 않았다. 기본 스텝을 따라 하는 것도 쩔쩔매는 판에 도대체 다음 동작을 어떻게 서로 알고 스텝을 맞추는 것일까? 공연이나 대회에서는 당연히 안무를 달달 외워서 하겠지만 원래 목적이 사교댄스인 이 커플댄스가 도대체 서로 간의 합의 없이 어떻게 가능한지 알 수가 없었다.

그렇지만 차츰 커플댄스가 언어로 하는 대화와 비슷하다는 것을 배우게 되었다. 커플댄스도 나의 댄스 공간과 파트너의 댄스 공간이 따로 있고 각자의 공간 안에서 움직임으로 대화하는 것이다. 손의 밀고 당기는 힘으로 움직임의 방향과 타이밍까지 파트너와 소통하는 것이다. 몸의 움직임 자체가 다음 동작을 알려주는 역할을 한다. 커플댄스는 춤으로 나누는 대화라고 할 수 있다.

춤을 통해서 소통하고 공감하는 것은 감정의 표현이다. 내가 실제로 춤을 추고 있지 않더라도 전문 댄서들의 공연을 보고 있으면 아무런 언어가 없어도 감정이 표현되고 감동이 전달된다. 다른 사람의 움직임을 보고 감정을 이해하는 것은 연습을 통해 향상될 수 있는데, 감정을 움직임으로 바꾸는 법을 많이 배울수록 다른 사람의 움직임에 포함된 감정에 공감하는 능력이 향상될 수밖에 없다. 춤은 비언어적인 대화를 하는 것이다.

이 중에서 움직임을 통한 소통은 우리가 본능적으로 이해하기도 하지만 문화에 따라서 다르고, 또 연습을 통해서 더 향상시킬 수 있다. 춤이 비언어적인 대화라고 하지만 운동 경기에서도 비언어적인 소통의 교환을 쉽게 목격할 수 있다.

운동경기에서는 몸짓의 커뮤니케이션을 이용하여 상대팀을 흔들어 놓는 페이크 기술을 많이 사용한다. 페이크에서 가장 중요한 것은 결국 나의 움직임이 어떤 의미로 소통할지 예상하고 자연스러운 동작과 리듬으로 상대가 역동작에 걸리도록 하는 것이다. 운동경기의 페이크는 나의 움직임을 의도에 맞게 조절하고 또 다른 사람의 움직임에 맞추어 반응하는 움직임의 커뮤니케이션을 이용한 기술이다. 뛰어난 운동선수의 움직임을 보면 아름다운 춤을 보는 듯하다

뇌과학에서 사회성과 공감의 바탕이 되는 기제로 거울뉴런을 많이 이야기한다. 거울뉴런은 다른 사람의 행동을 볼 때, 그리고 내가 그 행동을 할 때, 이렇게 두 경우 모두에서 활성화되는 세포로 뇌의 운동영역에서 처음 발견되었다. 많은 연구들이 거울뉴런이 운동영역뿐 아니라 다른 뇌의 부위에서도 발견된다는 것을 알아냈다. 거울뉴런의 역할은 모방을 통해 움직임을 배우는 것뿐 아니라 관찰 학습과 공감의 기제를 만드는 것이다.

객석에 앉은 관객이 무대에서 펼쳐지는 춤 동작을 보기만 해도 그의 거울뉴런이 활성화된다는 연구가 있다. 2012년에 발표된 연구에서, 발레 공연이나 인디언댄스 공연을 정기적으로 꾸준히 관람하는 관객들은 뇌의 거울뉴런이 많이 발견되는 네트워크로서의 거울 시스템이 더 활발하다는 점을 알아냈다. 이 연구에 참여한 관람객들은 실제로 춤을 배운 적이 전혀 없는데도 지속적으로 댄스 공연을 관람한 경우 이러한 댄스 움직임을 볼 때에 운동과 감각과 관련된 뇌의 구조가 더 활성화된다는 것이 나타났다.[1]

연구자들은 이 결과가 사람들이 댄스 공연을 볼 때에 댄서

들의 움직임을 내적으로 시뮬레이션하기도 하고, 그 공연의 캐릭터에 자신을 투영하기도 하는 것이라고 설명한다. 비록 프로 댄서들처럼 정확하고 세밀한 동작에 이르진 못하지만 댄서와 같은 동작을 실행하는 것 같은 시뮬레이션이 뇌 속에서 일어나는 것이다. 실제로 춤을 추지 않더라도 시각적인 경험과 상상을 통해 활성화된 거울 시스템이 지속적인 경험에 의해 향상된다고 한다.

춤은 뇌를 젊게 해주는 운동이다. 춤은 감각능력과 균형을 향상시키고 공간 인지 능력과 기억력에도 도움을 준다. 무엇보다도 춤을 추는 것은 즐겁다. 음악의 리듬에 맞추어 춤을 추는 것은 도파민 보상체계를 활성화시킨다. 다른 사람들과 함께 추는 춤은 사회적인 참여를 늘리고 정서적으로 긍정적인 영향을 준다.

많은 운동 중에서 춤이 유난히 뇌에 좋은 이유는 춤이 복합적 운동이기 때문이다. 음악에 맞추어 스텝을 밟기 위해서는 새로운 댄스 스텝을 익히기 위해 학습해야 한다. 음악을 듣고 공간을 움직이면서 새로운 시각정보와 움직임을 연결시키는 과정에는 고도의 집중이 필요하다.

게다가 춤은 뇌의 발달에 필수적인 유산소운동이자, 인지적인 훈련이 필수로 동반되는 사회적인 행동이면서 즐거움을 주는 행위이다. 이런 복합적인 운동은 한 가지 훈련을 하는 것보다 뇌의 발달에 더 큰 도움이 된다.

춤을 추는 문화가 있는 커뮤니티에 소속되어 있는 노인들은 치매 발병이 적고 우울증 또한 잘 걸리지 않는다. 이런 연구결과로 춤에 대한 장점이 확실히 나타난다. 춤은 인지기능을 보호하는 효과가 있으며, 노인들의 우울증을 예방하는 데도 큰 효과를 보여준다.

뇌 가소성을 높이는 춤 동작

최근의 연구에 의하면, 노년기에 댄스스포츠를 꾸준히 즐기는 것이 일상 활동 장애가 발생할 가능성을 줄여준다고 한다. 꾸준히 춤을 추는 여성이 그렇지 않은 여성에 비해 연구 기간 동안 일상생활에서 장애가 생길 확률이 73퍼센트나 더 낮다는 것을 발견했다.[2]

이 연구에 따르면, 춤이 장애와 치매의 위험을 줄여 나이가 들면서 건강을 유지할 수 있게 해준다고 설명한다. 이 연구에서는 일본의 노인여성 약 1천 명을 8년간 추적 조사하였다. 그들이 행하는 다양한 형태의 신체활동이 어떻게 장애의 위험에 대해 영향을 미치는지 알아보았다. 연구 참여자들은 일반적인 건강 상태와 규칙적인 신체활동 유형에 대해 질문을 받았으며 8

년 동안 장애의 징후가 있는지 모니터링 하였다.

결과는 어떻게 나왔을까? 8년 동안 총 130명의 여성에게 장애가 발생한 것으로 나왔지만 신체활동이 주는 영향은 어느 정도 명확히 드러났다. 신체활동은 일반적으로 여성이 나이가 들어도 독립적으로 살아가는 데 도움이 되며, 특히 춤은 이 신체활동들 중 가장 효과적인 것으로 나타났다. 걷기나 요가와 같은 다른 운동은 장애 발생의 유무와 그다지 강한 연관성이 없었다.

춤이 이렇게 놀라운 역할을 할 수 있게 된 비밀은 춤을 추는 것이 정신적, 육체적인 다양한 기술을 필요로 한다는 점에 있다. 춤은 균형, 힘, 지구력뿐 아니라 인지 능력, 음악과 파트너에 따라 움직일 수 있는 적응력과 집중력, 우아하고 유연한 움직임을 위한 예술성, 그리고 동작을 외우기 위한 기억력 등을 필요로 하는 총체적 활동이다.

이 연구에 참여한 노인들의 춤은 특정 공간에 함께 모여 일정한 순서와 동작을 가지고 있는 사교댄스가 대부분이었다. 이 연구는 급속도로 고령화를 맞고 있는 현재의 한국에서 꼭 필요한 과제이므로 잘 응용해봐야 하는 연구라 할 수 있다.

또 최근에 발표된 메타분석을 이용한 연구는 춤의 정신건강상의 이점을 알려주고 있다. 이 연구에서는 태극권, 요가, 댄스 등의 신체활동이 성인의 인지기능을 향상시킬 수 있는지 알아보기 위하여 메타분석을 이용했다. 기존에 발표된 연구들을 종합하여 분석하는 이 방법론으로 50세에서 85세 사이 3,500명 이상의 사람들을 대상으로 한 32개의 기존 연구를 분석했다.[3]

이미 진행된 치매와 손상된 기능을 되돌리는 방법은 나오지 않았으나 활발한 신체활동을 하는 노년층 성인이 활동적이지 않은 사람들보다 더 기능적이고 높은 인지 능력을 가지고 있다는 것이 확인되었다. 또한 특정한 활동이 인지기능을 높일 수 있는지 알아보기 위하여 분석을 세분화했을 때 일주일에 60~120분 이상의 태극권이나 댄스를 하는 것이 전반적인 인지 능력을 향상시킬 수 있다는 결과를 보여주었다.

이런 활동은 인지 유연성, 언어 유창성, 학습, 기억 및 긍정적인 조직 생활에 영향을 미치는 것으로 나타났다. 그러나 이러한 메타분석을 이용한 연구결과에서 고려해야 할 사실은 반대로 신체적 건강이 이런 활동에 영향을 미칠 수도 있다는 것이다. 신체적으로나 정신적으로 건강한 성인이 건강하지 않은 사람들보다 댄스활동 등에 참여하기가 더 쉽기 때문이다.

뇌과학 방법론을 이용한 최근 연구는 춤이 뇌의 백질의 연결성을 강화한다는 것을 보여주었다.[4] 뇌의 백질은 흰색으로 보이기 때문에 그렇게 불리는 것인데 신경세포의 전선 같은 역할을 하는 신경섬유를 싸고 있는 미엘린이 흰색 지방질로 되어 있기 때문이다. 즉 뇌의 백질은 신경세포들의 연결을 보여준다.

수초라고도 불리는 미엘린은 전선의 플라스틱 피복과 마찬가지로 신경세포를 통해 전달되는 신호가 누출되거나 흩어지지 않게 보호하는 역할을 한다. 미엘린이 손실되는 경우 뇌에서 자극이 효과적으로 이동하지 못하게 되고 운동조절을 비롯한 신경장애가 생긴다. 따라서 뇌의 백질이 얼마나 완전한 상태로 보존되어 있는지가 곧 뇌의 효율적인 연결성을 보여주는 것이다.

연구자들은 자기공명영상fMRI을 이용한 뇌 확산텐서영상 diffusion tensor imaging을 이용하여 백질의 미세구조를 측정하였다. 연구에서는 건강한 60~79세까지의 노인 174명을 대상으로 6개월간 춤, 걷기, 영양조절, 스트레칭 프로그램에 참여하도록 한 뒤 뇌의 백질을 관찰하였다. 이 연구에서는 사회적 효과가 있는 콘트라댄스와 영국 컨트리 라인댄스가 이용되었다.

노화와 더불어 감퇴되는 백질은 6개월의 연구 기간이 지난 후 모든 참여자에게서 그 연결성이 떨어졌지만, 춤 조건에 해당되었던 연구 참여자의 경우 6개월 후에 백질의 연결성이 오히려 늘어났다. 이런 연구는 기존의 연구를 분석하는 것과는 달리 실험에 참여한 결과를 바탕으로 하기 때문에 신체활동의 영향을 더 직접적인 결과로서 확인할 수 있다. 이 연구를 진행한 연구자들은 최근 들어 여러 지역의 노인들을 대상으로 더욱 확대된 대규모 실험을 실시하고 있는 중이다.

춤을 추는 것이 뇌의 연결성을 높인다는 결과는 최근 뇌과학자들의 많은 관심을 받고 있으며, 뇌의 유연성 또는 뇌의 가소성을 보여준다는 점에서도 큰 의미가 있다. 더구나 이 연구는 노인을 상대로 한 연구로서, 나이가 들어도 계속 발달하고 회복할 수 있는 뇌의 속성을 보여준다.

이 외에도 춤은 정서적 치료에까지 많이 사용된다. 음악 자체도 뇌의 보상체계와 즐거움과 연관되어 있고, 특히 댄스음악의 경우 즐거움을 줄 수 있는 자연스러운 뇌의 기전을 제공한다. 전쟁터에 나갔던 기억으로 인한 PTSD(post traumatic stress disorder, 외상후스트레스장애)를 치료하는 데에 음악을 사용하기도 한다.[5]

많은 정신과 치료에 약물이 사용되는데, 몸을 움직이는 활동을 하게 되면 뇌에서 자체적으로 나오는 신경화학물질을 활성화시켜 자연적인 치료를 도와준다.

음악도 마찬가지다. 음악은 정서적 경험에 관여하고, 쾌락이나 보상과 관련된 도파민 구조를 활성화시킨다. 우리는 음악을 들으면서 기쁠 수도 있지만 슬퍼지기도 한다. 춤은 또 어떤가. 음악에 맞추어 몸을 움직인다는 점에서 뇌의 보상 기제가 더욱 높아진다. 건강한 신체와 건강한 정신을 위해 모든 사람에게 춤을 추라고 권하고 싶다.

뇌는 멜로디로
말한다

고속도로 대신 작은 길로 우회하라

미국 애리조나 주의 민주당 소속 하원의원인 개브리엘 기퍼즈Gabrielle Giffords. 그는 영어와 스페인어를 유창하게 구사하는 열정적인 정치가였다. 2011년 1월 8일 개브리엘 기퍼즈는 투싼 시의 세이프웨이 슈퍼마켓 앞에서 유권자들과 만남을 갖고 있었다. 그때 온몸을 무장한 총기범이 갑자기 나타나 무차별 난사를 가했다. 순식간에 일어난 상황에 결국 개브리엘 기퍼즈는 총탄에 맞아 머리에 관통상을 입고 말았다.

현장에 있었던 사람들 중 무려 24명이나 총상을 입었고 그 중 6명이 사망했을 정도로 전 미국을 충격에 빠뜨린 엄청난 사

건이었다. 범인은 33발이 들어가는 탄창을 비운 뒤 재장전을 시
도했지만, 주변에 있던 사람들이 용감히 달려들어 다행히 범인
을 쓰러뜨리고 탄창을 낚아채었다. 그나마 더 큰 피해를 막을
수 있었다.

기퍼즈 의원은 투싼의 대학병원 응급실로 이송되었고 곧바
로 응급수술에 들어갔다. 총알을 맞아 부서진 뼛조각이 뇌를 훼
손시키는 것을 막기 위한 수술이었다. 머리뼈의 일부분이 제거
된 기퍼즈는 약물로 유도된 혼수상태에 빠져 있다가 차츰 응급
상황에서 호전되어 갔다. 1월 21일에 휴스턴 메모리얼 헐맨 병
원으로 전원한 뒤 조금씩 회복을 보였는데, 옆에서 누군가의 부
축을 받으며 스스로 일어날 수 있을 정도가 되었다.

수술 직후 말을 전혀 하지 못했던 기퍼즈는 조금이라도 말
을 해보려 노력하였다. 두개골에 갇힌 뇌가 점점 붓게 되자 더
손상되는 것을 막기 위해 두개골 일부를 제거하는 수술을 또 다
시 받아야 했다. 5월 18일에 두개골의 제거된 부위를 의료 플라
스틱으로 바꾸는 수술이 진행되었고, 6월 15일에 퇴원하여 집
에서 재활치료를 시작했다.

총알이 관통한 부분은 언어에 중요한 역할을 하는 뇌 좌반
구의 브로카 영역이었다. 개브리엘 기퍼즈는 사고로 언어 능력
을 상실할 수밖에 없었다. 그러나 가족의 지원과 피나는 재활
노력으로 차츰 실어증을 극복하기 시작했다.

특히나 음악을 담당하는 뇌의 우반구는 손상되지 않았다. 기퍼즈는 뇌의 언어 경로가 손상되었지만, 대신 멜로디와 리듬 위에 단어를 겹쳐서 연상하는 능력을 찾아냈다. 그렇게 지금까지 사용되지 않았던 새로운 경로로 언어라는 목적지에 다다를 수 있었다. 기퍼즈의 음악치료사이면서 뇌 손상 전문가인 미건 모로우는 음악치료에 대하여 이렇게 설명한다.

"음악은 언어로 돌아가기 위한 다른 길입니다. 고속도로의 길이 막히면 그 길을 똑바로 계속 갈 수는 없습니다. 그러나 출구로 나가서 우회로를 찾으면 다시 목적지로 갈 수 있습니다."

뇌의 어떤 부위가 손상되었어도 손상되지 않은 다른 부위 주변으로 새로운 경로를 만드는데, 그 능력을 뇌 가소성neural plasticity이라고 한다. 성인도 새로 말하기를 배울 수 있다. 그러나 여섯 살에 피아노를 배우는 것보다 예순 살에 배우는 것이 더 많은 시간을 필요로 한다. 그만큼 더 많은 연습과 올바른 훈련을 해야만 한다.

뇌는 신경세포들의 연결로 이루어진 네트워크다. 가장 많이 사용된 연결망은 더욱 강화되어 고속도로와 같이 빠르고 큰 길이 된다. 그보다 적게 사용되는 연결망도 길을 만들지만 마치 뒷길처럼 좁거나 작을 수 있다. 개브리엘 기퍼즈의 언어영역은 손상되었지만 그런 언어를 복구하기 위해서 작은 뒷길을 개발하였고, 이 작은 길을 고속도로로 만들기 위해 노력하였다.

언어는 일반적으로 뇌 좌반구의 기능이다. 그런데 음악은 양쪽 뇌를 모두 사용하면서 시각, 운동, 연합영역과 기억, 정서와 관련된 뇌 영역을 모두 활성화시킨다. 몇 년 전에 세상을 떠난 올리버 삭스Oliver Sacks는 신경과 교수이며 베스트셀러 작가이자 음악가였다. 올리버 삭스는 이렇게 표현하였다.

"음악만큼 뇌를 총체적으로 활성화시키는 것은 없습니다."

실어증 환자가 노래를 부를 수 있다는 것은 오래전부터 알려져 왔다. 음악을 통해 실어증 환자가 언어를 회복한 연구는 1871년에 신경학자 존 휴링즈 잭슨John Hughlings Jackson 박사가 발표한 〈음성 없는 아이들의 노래Singing by Speechless Children〉라는 제목의 논문에서도 나온다.

실어증 환자에게는 말할 수 있는 능력이 지능에 반영되지 않는다. 그래서 다른 인지기능이 정상적이더라도 말을 할 수가 없는 것이다. 일반인에게 공개된 개브리엘 기퍼즈의 재활 영상에는 아무리 애를 써도 말이 나오지 않아 좌절하던 기퍼즈가 노래를 따라 부르는 장면이 있다. 음악치료사 미건 모로우가 먼저 앞부분을 불러준다.

"Turn on the……."

그 다음으로 이어가려면 'light'라는 단어를 말해야 한다. 아무리 입을 떼 보려 시도를 해봐도 윙윙거리는 소리만 나올 뿐 제대로 말이 나오지 않는다. 좌절하며 눈물을 흘리는 기퍼즈에게 음악치료사가 노래를 불러주기 시작한다.

"This little light of mine, I am gonna let it shine."

그러자 놀랍게도 기퍼즈는 노래를 따라 불렀다. 방금 말하지 못했던 단어 'light'가 포함되어 있는 가스펠송이었다.

"This little light of mine, I am gonna let it shine.

This little light of mine, I am gonna let it shine.

Let it shine, let it shine, let it shine."

기퍼즈의 음악치료사 미건 모로우는 텍사스 출신으로, 원래는 크리스천 록음악을 하는 오페라 전공 학생이었다. 기퍼즈가 휴스턴 메모리얼 헐맨 병원으로 이송된 후 본격적으로 그의 언어 재활을 담당했던 모로우는 음악과 언어의 관계에 대하여 이렇게 말한다.

"음악을 만들어내는 뇌 영역은 뇌 전체에 있습니다. 우리가 노래 가사를 찾아내는 것은 뇌의 좌반구에서도 가능하고 우반구에서도 가능합니다. 뿐만 아니라 뇌의 뒤쪽에서도 뇌의 앞쪽에서도 다 가능합니다. 그렇기 때문에 실어증 환자도 잃어버린 단어를 찾아서 뇌를 다시 재구성할 수 있는 것입니다."

그 후 개브리엘 기퍼즈는 피나는 재활 훈련으로 언어능력뿐 아니라 움직임과 균형, 그리고 신체적 건강까지 회복해 나갔다. 기퍼즈의 남편인 우주비행사 마크 켈리의 헌신적인 지원과 긍정적인 태도가 기퍼즈의 회복에 큰 힘이 되었다.

예전만큼 유창한 언어력으로 돌아온 건 아니지만 기퍼즈는 정상적인 생활이 가능해졌고, 자전거를 타고 다닐 만큼 운동감 각도 돌아왔다. 더 이상 정치활동으로 돌아갈 생각은 없지만 대신 총기규제 운동가로 적극적인 활동을 펼치고 있다. 물론 뇌 손상 환자들의 재활을 위한 지원도 아끼지 않는다.

음악으로 두뇌에 빛을

하버드대학의 마크 하우저Marc Hauser와 MIT의 조시 맥더못 Josh McDermott은 음악이 인간에게서만 발견되는 활동이라고 말한 다.[6] 새들도 노래를 하지 않느냐고 할지도 모르지만 새들의 노래는 자신의 영토를 주장하는 행동이거나 짝짓기를 위한 행동의 일종이다. 노래를 하는 새들은 대부분 수컷이며, 그들에게 노래는 의사소통의 수단이라고 할 수 있다.

음악의 생물학적 의미에 대해서도 여러 가지 의견이 있다. 다윈은 음악이 의사소통의 형태로서 환경에 적응하게 하는 원시언어 역할을 담당하는 것으로 시작되었다고 생각했다. 스코틀랜드의 세인트앤드류즈대학의 언어학자 테쿰세 피치w. Tecumseh Fitch도 다윈과 비슷한 생각을 했다. 과거에 음악이 의사소통과 적응의 역할을 담당했으며, 특히 음악과 관련된 뇌의 구

조는 언어와 관련이 있다고 주장하였다.[7]

언어는 사실 음악과 비슷한 점이 꽤 많다. 음악에 문외한인 사람이라 해도 좋아하는 노래가 나오면 바로 알아들을 수 있다. 노래를 잘 부르지 못하더라도 자신이 좋아하는 노래를 부를 수는 있다. 노래의 템포를 알아차릴 수 있고, 바이올린 소리와 피아노 소리를 구별할 수 있다.

기본적으로 음악의 요소들인 피치, 음색, 박자, 화음, 멜로디, 음량 및 속도는 음악의 구성요소도 되지만 언어의 통사론을 구성하는 요소이기도 하다. 음율prosody은 언어의 이해에 크게 영향을 미친다. 외국어를 배울 때 악센트를 어디에 주느냐에 따라서 때로는 뜻을 전혀 알아들을 수 없었던 상황을 흔히 경험했을 것이다. 성조에 따라 뜻이 달라지는 중국어처럼 말이다.

몇몇 학자들은 사람의 발달단계 중 특히 어릴 때에 접하는 음악은 언어의 특수한 분류라고 주장한다. 뇌과학 연구 중에 음악과 언어 이 두 가지가 뇌의 공통된 부위를 사용한다는 결과를 보여준 것도 있다. 스탠퍼드대학의 대니얼 레비틴Daniel Levitin과 비노드 메논Vinod Menon은 언어를 처리할 때와 클래식 음악(노래가 없는 연주음악)을 들을 때 두 경우 모두 전두엽의 일부 영역이 활성화된다는 것을 보여주었다.[8]

불협화음을 들을 때에는 우뇌의 전두엽 부위와 좌뇌의 언어 중추가 활성화되었는데, 좌뇌의 이 영역은 문법적으로 틀린 문장을 들을 때 활성화되는 부위이다. 음악과 언어의 공통적인 뇌 기제가 있음을 보여준 것이다.

음악이 뇌 발달과 다른 인지과정에 영향을 준다는 연구도 많이 있다. 십여 년 전에 클래식 음악을 들으면 공간 능력이 향상된다는 이야기가 한창 화제였다. '모차르트 효과'라고 부르는 이 효과는 사실 확인하기는 어렵다. 어떤 연구자들은 음악을 듣는 것이 긍정적인 정서를 유발하고, 이 긍정적 정서가 인지적 능력을 향상시키게 되는 것이 모차르트 효과의 진짜 원인이라고 설명한다. 그런 의미에서 초콜릿을 먹는 것이나 아침에 커피를 마시는 것도 긍정 정서를 높이는 역할을 할 수 있다.

음악과 다른 인지기능의 관계를 연구한 또 다른 예로 토론토대학의 글렌 슐렌버그Glenn Schellenberg의 연구를 들 수 있다. 슐렌버그는 6세 아동들을 모아 각기 노래 레슨을 받는 집단, 드라마 레슨을 받는 집단, 키보드 레슨을 받는 집단, 그리고 아무 레슨도 받지 않는 집단, 이렇게 총 네 개의 집단으로 나누어 연구하였다.

그 결과 음악 레슨을 받은 집단의 아이들이 IQ가 향상되는 것을 발견하였다.[9] 드라마 레슨을 받은 집단은 사회적 행동이 향상되기는 했지만 IQ가 높아지지는 않았다. 이 연구는 가정의 경제적 상황이나 부모의 교육수준, 다른 과외활동들을 다 통제했을 때도 유의미한 결과를 보여주었다. 즉 음악을 배우면 좀 더 똑똑해질 수 있다는 것이다.

이 연구는 많은 관심을 끌었다. 한 분야의 훈련이 다른 분야로 일반화되는 것은 쉽게 나오는 결과가 아니다. 사실 학습하는 것들이 다른 분야로 전이될 수 있다는 사실은 교육제도와 구조의 기본적 가정이다. 학생들이 학교에서 읽기, 쓰기, 산수 등을 배우는 것은 단순히 공부를 잘하기 위한 것이 아니다.

교육의 목표는 논리적인 능력과 비판적 사고를 하는 능력을 키우는 것이다. 뮤지션들은 여러 가지 기술을 동시에 사용한다. 악보를 읽고, 악보의 내용을 토대로 노래를 하고 손가락을 움직인다. 이런 훈련이 뇌의 기능을 높이는 일이다.

전문 음악가들의 뇌구조를 보면 그 차이를 알 수 있다. 토마스 엘버트Thomas Elbert와 에드워드 타웁Edward Taub의 연구에 의하면, 현악기 연주자의 경우 왼쪽 손가락을 조절하는 몸 감각 대뇌의 부위가 커져 있다고 한다.[10] 트럼펫 연주자들의 경우 관악기 소리에 반응하는 신경세포와 뇌 영역이 더 커진 것을 보게 된다. 뇌 영상 연구들은 음악가의 운동피질과 소뇌가 비음악가와 비교했을 때 차이가 있다는 것을 보여준다.

아기들은 말을 처음 배울 때 옹알이부터 시작한다. 불분명한 발음을 반복하면서 시행착오를 거쳐 정확한 발음을 익힌다. 이런 옹알이를 통해 언어를 배우는 것과 비슷한 과정이 새가 노래를 배우는 과정이다. 새라고 다 노래를 하는 것은 아니다. 새들

중에 노래하는 종류는 카나리아, 꾀꼬리, 금화조 등 명금류라고
부르는 새들이다.

새끼 명금류는 노래를 배울 때 음의 높낮이를 빠르게 변화
시켜 울림을 만드는 비브라토 기법을 사용한다고 한다. 새들의
노래는 사람의 언어처럼 어순에 따라 의미가 달라진다. 명금류
의 노래는 주로 수컷이 암컷을 유혹할 때 사용된다. 이 때문에
아기 새는 아빠 새의 노래를 듣고 따라하기를 반복하면서 노래
를 배운다. 이 새들에게 노래는 사회적 소통의 도구, 즉 언어와
동일한 의미를 지닌다.

그런가 하면 음악이 언어와 같이 커뮤니케이션의 역할을 담
당한다는 뇌과학 연구도 있다. 존스홉킨스 의과대학 연구팀이
2014년에 발표한 연구에서는 재즈를 즉흥으로 연주할 때 언어
를 담당하는 뇌의 브로카 영역과 베르니케 영역이 활성화된다
고 발표하였다.[11]

이 연구에서 전문 뮤지션들은 두 사람씩 같이 연구에 참여
하여 교대로 키보드를 연주했다.

1) 스케일 통제 조건에서는 두 연구 참여자가 올라가는 스
케일과 내려오는 스케일을 교대로 연주했다. 2) 스케일 즉흥 조
건에서는 두 참여자가 네 마디씩 교대로 즉흥 연주를 했는데 이
즉흥 연주는 단조로운 4분음표로만 주어진 스케일 내에서 연주
했다. 3) 재즈 통제 조건에서는 두 참여자 모두 외워서 연주할

수 있을 정도로 잘 알고 있는 재즈곡을 교대로 연주하였다. 4)
재즈 즉흥 조건에서는 재즈를 즉흥으로 교대로 연주하였다.

즉흥연주의 경우 외워서 연주할 때보다 좌뇌의 브로카 영역
과 베르니케 영역이 활성화되었다. 브로카 영역과 베르니케 영
역은 언어를 담당하는 대표적인 뇌 부위이다.

또한 이 음악을 즉흥적으로 연주할 때 해마, 해마옆이랑
parahippocampal gyrus 및 측두극temporal pole이 비활성화되었는데, 이
영역들의 비활성화가 즐거움의 경험과 관련되어 있기 때문에
이러한 결과는 즉흥연주에서 나오는 긍정적 정서를 반영한다고
할 수 있다.

음악이 뇌에 미치는 광범위한 영향은 최근에도 많은 연구들
을 통해 잘 알려지고 있다. 뇌 손상으로 인한 언어장애를 치료
할 수 있다는 것을 보여준 연구자 중 한 사람인 하버드대학의
고트프리드 슐라우그Gottfried Schlaug 교수는 멜로디 억양 치료법
을 많이 사용했다. 슐라우그 교수는 뮤지션과 비뮤지션의 뇌 구
조가 다르다는 것을 보여준 연구로도 유명하다.[12]

우리 일상의 음악은 바흐와 모차르트의 아름다운 선율로 감
동을 선사할 뿐 아니라 뇌를 발달시키고 치료의 힘으로 뇌를 밝
게 비추기까지 한다.

젓가락을 두드려서라도
리듬을 찾아라

리듬이 가져다주는 쾌락

드럼을 치기 시작한 지는 벌써 10년이 되었다. 실제로 드럼을 연주할 기회가 많지 않아서 여전히 초보 수준이지만 1년 전부터 다시 레슨을 받기 시작했더니 근래 들어 조금씩 나아지고 있다.

리듬악기를 유난히 좋아하는 나는 드럼을 배우기 위해 다니는 학원에서 베이스기타도 함께 배운다. 리듬악기에 한껏 빠져 있어서 그런지 만나는 사람에게마다 나는 드럼과 베이스 예찬론을 펼치곤 한다. 내가 드럼을 친다고 하면 그들이 한결같이 하는 말이 있다.

"그렇게 드럼 치면 스트레스 풀릴 것 같아요."

그건 사실이다. 그러나 드럼 스틱으로 두들기고 내리친다고 스트레스가 풀리는 것은 아니다. 기본적인 드럼 세트는 크래쉬 심벌, 베이스 드럼, 스네어 드럼, 하이햇 심볼, 세 개의 탐과 라이드 심벌을 포함한다. 이들 구성물들을 모두 사용하되, 양손과 양발이 분리되어 따로 움직이면서 리듬을 만들어야 한다. 드럼은 결코 쉽지 않은 기술이다. 해도 해도 안 되면 오히려 스트레스가 쌓일 수도 있다.

드럼을 치면서 리듬을 느끼는 순간이 오면 바로 이때 즐거움을 경험하게 된다. 기쁘거나 슬프거나 신이 나거나 불안하거나 평화롭거나 짜증이 나거나…… 음악이 이러한 온갖 정서를 경험하게 한다는 것을 우리는 일상생활 속에서 자주 깨닫는다. 많은 뇌과학 연구들이 음악과 정서가 긴밀한 관계를 맺고 있음을 보여주고 있다. 음악을 듣는 것이 뇌의 여러 부위를 자극하고 뇌의 신경전달물질인 도파민 분비를 촉진시킨다는 연구결과가 제법 많다.

뇌 영상 방법론을 이용한 연구 결과에 따르면, 음악을 들으면서 깊은 정서적 경험을 하는 것은 각성, 동기 및 보상과 관련된 뇌의 구조가 작동하는 것과 관련이 있다. 캐나다 맥길대학의 로버트 자토르Robert Zatorre 교수팀의 연구에 따르면, 음악을 들으면서 깊은 감동을 느끼는 경험을 할 때 활성화되는 뇌의 반응은

음식, 성, 마약 등 강도 높은 자극으로 즐거움을 느끼게 하는 반응과 유사하다고 한다.[13]

음악은 감성적 반응에만 관여하는 게 아니라 움직임에도 관여한다. 리듬을 타는 움직임에는 무엇이 있을까. 당연히 춤을 생각하겠지만 춤뿐만 아니라 스포츠에서도 리듬을 타는 것이 중요하다는 사실은 익히 알려져 있다. 실력이 뛰어난 농구선수나 축구선수들의 움직임은 마치 우아한 댄스를 보는 것 같아서 그 아름다움에 감동하게 된다. 권투선수 중에도 예술가처럼 아름다운 움직임을 보여주는 선수들이 있다.

이런 리듬을 타는 움직임을 이용하여 몸이 아픈 환자에게 음악치료 요법으로써 사용해 왔는데, 특히 파킨슨병 환자에게 종종 음악치료를 적용해본다. 몸이 굳어져 간신히 걷던 환자가 좋아하는 음악이 나오면 뻣뻣하게 굳어 있던 것 같던 몸이 편안해지고 리듬에 맞추어 몸을 움직이는 것을 볼 수 있다. 심지어 음악에 맞추어 경쾌한 동작으로 춤을 추기도 한다. 파킨슨병은 우울증을 동반하는 경우가 많기 때문에 환자는 감정 표현의 폭이 줄어들 수밖에 없다.

음악 요법은 리듬, 멜로디 및 선호하는 움직임을 사용하여 환자로서 겪어야 하는 생활 속 어려움의 문제를 해결하도록 해준다. 음악치료는 파킨슨병 환자의 움직임 문제를 치료하는 데 도움이 될 뿐 아니라, 음악의 리듬은 파킨슨병에 수반되는 우울중을 조절하는 데에도 효과적이다.

리듬은 주의력, 집중력과 같은 운동 기능에 영향을 미치는 인지적 문제뿐만 아니라 일련의 움직임을 조정하기 위한 본보기가 된다. 그리고 움직임을 조정하고 집중력을 자극하며 이완을 유도하는 것도 리듬의 역할이다. 참가자가 리듬을 느낄 수 있는 한 음악치료를 병행하는 것은 운동 프로그램의 결과를 더 향상시킬 수 있다.

움직임에 문제를 가지고 있는 파킨슨병 환자가 음악치료를 통해 조금씩 걷는 훈련을 하는 동영상을 쉽게 찾아볼 수 있다. 파킨슨병 환자를 보면 손이 뻣뻣하게 굳어서 움직이지 못하는 것이 가장 먼저 눈에 띄는데, 이들은 워커를 의지한 채 서 있어도 몸이 비틀어져 있는 것처럼 보인다. 파킨슨병이 많이 진행된 경우에는 한 걸음 떼는 것조차 쉽지 않다.

파킨슨병 환자의 음악을 통한 걷기 운동은 환자가 좋아하는 음악을 틀어준 뒤 음악에 맞추어 걷는 훈련을 하는 모습만 보아도 그 효과를 알아차릴 수 있다. 어느 한 순간 몸이 가벼워진 것처럼 보이는 것이다. 얼굴이 밝아지고 뻣뻣하게 굳어졌던 손가락이 펴졌으며 편안하게 걷기 시작한다. 기분이 점점 좋아지는 것이 보이고 노래를 따라 부르기도 한다. 음악치료사를 동행한 채 집 안에서 한 바퀴씩 걷는 연습을 지속했던 그 환자는 이제 치료사와 함께 볼룸댄스에 도전할 정도가 되었다.

제대로 움직이지 못했던 파킨슨병 환자가 음악에 맞추어 몸을 움직이는 것을 보면 음악이라는 것이 정말로 마법 같다는 생각이 든다. 뻣뻣하게 한 걸음도 떼지 못하던 환자가 춤을 추는 모습은 눈물이 날 만큼 감동으로 다가오기 때문이다.

박자와 움직임이 동기화될 때

파킨슨병은 뇌의 신경전달 물질인 도파민의 분비가 막힌 것과 관련되어 있다. 파킨슨병을 위한 약으로는 'L-도파'라는 도파민의 전초제가 많이 사용된다. 도파민은 뇌에서 나오는 신경전달물질이다. 도파민은 쾌락 경험과 관련되어 있을 뿐 아니라 움직임에도 관여한다. 파킨슨병은 단순히 운동신경과 근육의 움직임만의 문제가 아니다. 도파민 약을 사용하여 몇 시간 후에 약효가 생기면 몸이 굳어져서 움직이지 못하던 환자가 아무 일도 없었다는 듯이 움직일 수도 있다.

그렇다 해도 파킨슨병의 증세가 계속 심해지면 도파민 약의 효과도 점점 떨어질 수밖에 없다. 그렇지만 움직이지 못하던 환자가 도파민으로 인해 움직일 수 있다는 사실은, 곧 이 병이 움직임 자체의 기계적인 기제에 문제가 생긴 것은 아니라는 것을 알려준다.

도파민은 참 신기한 물질이다. 도파민의 분비가 막히게 되면 앞서 이야기했듯 파킨슨병과 연관되어 있다. 그런데 반대로 도파민이 과다 분비가 되면 조현증과 관련이 있다. 그리고 약물 중독도 도파민 구조의 부적응적 반응에 의해 생길 수 있다.

도파민은 즐거움이나 쾌락을 주는 뇌의 신경전달물질로 알려져 있지만, 단순히 쾌락을 조절하는 것이 아니라 동기와 가치를 부여하는 기제이기도 하다. 도파민을 분비하는 뇌의 기제를 쾌락중추라고 부르기도 하지만 더 정확하게는 보상체계라고 불러야 한다.

1953년 캐나다 몬트리올에서 제임스 올즈James Olds와 피터 밀너Peter Milner는 중뇌 망상계를 표적으로 쥐의 뇌에 전극을 이식하였다. 이어서 외부에서 전기 자극을 주는 실험을 시작해보니, 이식된 전극이 도파민을 분비하는 뇌 영역에 맞닿아 있다는 것을 알게 되었다.

올즈와 밀너는 '스키너의 방'을 개조해 쥐들이 지렛대를 누르면 도파민을 분비하는 뇌 영역을 직접 자극할 수 있는 방을 만들었다. 쥐들은 이제 자기 뇌에서 스스로 도파민을 분비하도록 조절할 수 있게 된 것이다.

쥐들은 먹이도, 암컷도, 아픔도 잊고 지쳐서 쓰러질 때까지 이 전기 자극 지렛대를 끊임없이 누르고 또 눌렀다. 쥐들은 한 시간에 7000번이나 이 지렛대를 눌러 뇌에 전기 자극을 주었는데 이 자극은 24시간 내내 지속되었다. 음식을 먹을 생각도 잊은 채 이 행동을 반복하자 이대로 가다가는 굶어 죽을 상황이었다. 연구자들은 자발적 기아로 죽는 것을 막기 위해선 강제로 쥐들을 다른 곳으로 옮기는 수밖에 없었다.[14]

올즈와 밀너는 이 도파민 부위를 쾌락중추라 불렀다. 하지만 실제로 그들이 발견한 부위는 쾌락중추가 아니라 보상중추였다. 도파민의 역할은 단순히 쾌락을 느끼게 하는 것이 아니라 보상과 쾌락이 바로 여기에 있다고 알려주는 것이었다. 쥐에게서 도파민을 완전히 없애더라도 여전히 설탕을 주면 좋아한다. 다만 그 설탕을 원하지도 않고 설탕을 얻기 위해 노력하지도 않을 뿐이다.

도파민은 쾌락이 아닌 쾌락에 대한 기대를 주고 동기를 제공하여 움직이도록 이끄는 기제라고 보면 된다. 지금 과학자들이 일반적으로 받아들이는 도파민의 역할은 보상의 예측오류에 반응하는 것이다. 즉 보상 자체보다는 예측한 보상보다 실제 보상이 더 많다는 점이 중요하다.

동물을 움직이게 하는 것은 생존과 번식을 위한 생명의 기제다. 따라서 사냥하고, 채집하고, 짝을 만나는 등의 생존을 위한 활동이 쾌락을 줄 거라는 기대감은 생존과 번식을 위한 생명의 목적을 달성하기 위함이다. 이러한 움직임을 이끄는 기제가 도파민을 분비하는 보상체계인 것이다.

파킨슨병은 이런 보상체계로서의 도파민의 분비에 손상이 생긴 병이다. 파킨슨병 환자의 증세가 움직임 자체만의 문제가 아니라는 것은 시각정보 처리와 움직임의 관계에서 알 수 있다. 파킨슨병 환자들 중에 검사 도중에는 잘 걷다가도 좁은 문이 나오면 갑자기 몸이 굳어지는 경우가 있다. 걸어서 문을 통과하는 것이 대단히 어려운 과제는 아니다. 하지만 좁은 문을 보는 순간 몸이 굳어져서 움직이지 못하게 된다. 좁은 문을 보면서 이곳을 지나가기가 어려울 것이라는 생각이 곧바로 몸을 굳어지게 만들어버린 것이다.

도파민의 기제가 동기와 가치를 부여하는 것이라면, 파킨슨병 환자는 움직임에 대한 동기와 가치를 부여하는 기제가 손상된 병이라고 설명할 수 있겠다.

뇌는 행복이라는 기제를 통해 가치체계를 추구한다. 도파민의 기제에 문제가 있는 파킨슨병의 경우 움직임에 대한 동기와 가치체계가 손상될 뿐 아니라 즐거움이나 행복감을 느끼지 못할 수도 있다. 뇌에서 움직임의 동기를 주관하는 기제는 행복과 즐거움의 기제와 밀접하게 연관되어 있다.

파킨슨병 환자들이 음악치료로 걷는 연습을 하는 것을 보면, 좋아하는 음악이 들리자 얼굴이 환해지기 시작하는 것을 볼 수 있다. 노래를 따라 부르기도 한다. 손발이 뻣뻣하게 굳어져 있던 환자가 리듬에 맞추어 몸을 움직이기도 한다.

음악이 움직임의 장애를 크던 작던 완화시켜준다는 여러 결과를 바탕으로 음악이 주는 영향의 구체적인 기제에 대해서 많은 연구가 이루어지고 있다. 최근의 뇌 영상 연구들을 보면 리듬 지각이 뇌의 주요 운동 네트워크 구조를 활성화시킨다는 것을 보여준다.

또 다른 연구들은 리듬 청각 자극에 기초한 훈련으로 인해 파킨슨병 환자의 걸음걸이를 개선시켰다고 발표하였다. 환자는 이 훈련을 받고 걷는 속도도 빨라지고 한 걸음의 보폭도 커지는 효과를 보았다고 한다.

그러나 이런 훈련의 효과는 개인별로 편차가 크기 때문에 환자마다 결과가 많이 달라지곤 한다. 환자가 자신의 움직임을 비트와 동기화할 줄 아는 능력, 그리고 리듬에 대한 타이밍을 지각할 수 있는 능력에 따라 이러한 개인차가 생긴다. 음악을 듣고 박자를 맞추며 손으로 책상을 두드리는 훈련을 통하여 동작을 음악의 비트에 맞추는 것, 즉 리듬과 움직임의 동기화를 높이는 것도 파킨슨병 환자의 움직임 개선에 큰 효과가 있었다. 파킨슨병 환자에게 있어 리듬은 음악과 환자의 움직임 개선 사이에 연결고리가 된다.

리듬은 움직임과 동기를 연결해주는 메커니즘이다. 리듬은 파킨슨병뿐 아니라 헌팅턴병, 뇌졸중과 같은 움직임의 장애를 가져오는 병리적인 문제에 치료의 가능성을 부여할 뿐만 아니라 생존을 위해 필요한 움직임을 동기화하는 데 도움을 줄 수 있다. 드럼도 좋고, 베이스기타도 좋다. 랩도 좋고, 댄스도 좋다. 젓가락으로 식탁을 두들기며 노래해도 좋다. 지금 당장 생활 속에서 리듬을 찾아보라.

똑똑해지고 싶은가?
운동하라

인지 능력을 더하는 신체 피트니스

미국에서 학교를 다녀본 사람이라면 바로 알아차릴 수 있는 일이 있다. 다른 건 부족해도 공부 하나만 잘하는 학생을 '너드 nerd'라 부르며 무시하는 경향이 있다는 것이다. 미국의 고등학교에서 가장 인기가 좋은 리더급의 학생은 다름 아닌 운동부 주장이다. 미국 드라마에 단골로 나오는 주제가 미식축구팀이나 농구팀 주장과 치어리더에 관한 이야기가 아닐까 싶다.

한국을 포함한 동양계 학생들에 대해 공부만 잘하는 '쿨'하지 않은 이미지로 선입견을 갖고 바라보는 것이 사실이다. 이런 사회적 분위기를 잘 모르는 한국 부모들은 공부만 잘하면 자녀들이 학교에서 인정받을 것이라고 기대하지만 그건 한국의 경우일 뿐이다.

나의 연구 분야가 운동과 인지 노화라고 말하면 고령화 시대에 살아가는 것을 걱정하는 많은 사람들이 관심을 가지고 물어본다.

"저는 인지 노화는 있지만 운동하기는 싫은데 어떻게 하면 좋을까요?"

나는 그럴 때마다 이렇게 대답하곤 한다.

"운동은 안 하면서 인지 노화를 막겠다는 것은, 밥을 아주 많이 드시면서 살 빼겠다는 거랑 똑같은 건데요."

너무 많이 먹으면 살이 찐다는 사실은 우리가 당연하게 연결시키는 개념이다. 그러나 신체적으로 활발하게 활동하면 뇌 인지기능이 향상된다는 이치가 바로 와 닿지는 않는다. 뇌와 신체의 관계는 뇌를 다쳐서 신체를 못 쓰게 되는 경우를 보면 쉽게 이해된다.

뇌는 신체의 다른 부위와 마찬가지로 물리적인 구조를 가지고 있고 혈관을 통해서 산소를 공급받는다. 뇌졸중은 뇌의 혈관이 막혀서 산소를 공급받지 못한 뇌세포들이 손상되는 증상으로서, 주변에서 뇌졸중으로 인해 몸의 일부가 마비된 경우를 간혹 보게 된다. 만약 뇌를 다쳐서 오른팔이 마비되었다고 하면 이를 재활하는 방법은 오른팔을 계속 움직이는 훈련을 하는 것이다. 다시 말하면 뇌를 다쳐서 몸을 움직이지 못하게 된 경우, 역으로 몸을 움직여서 뇌를 다시 회복시키는 것이다.

이런 재활의 과정은 뇌졸중으로 손상된 신경세포를 다시 살아나게 하는 것이 아니라, 손상된 뇌 부위 주변에 있는 다른 신경세포들이 오른팔을 움직이는 역할을 담당하도록 만든다. 이 과정은 뇌에 새로운 연결을 만드는 과정이기 때문에 당연히 시간이 걸린다.

꼭 뇌가 손상된 경우가 아니더라도 뇌와 신체의 관계는 일상 속에서 계속 맞물린다. 몸이 아프면 머리가 잘 돌아가지 않는 경험을 일상 속에서 종종 겪어봤을 것이다. 이 또한 뇌 인지 기능과 신체의 관계를 보여주는 예다.

사람의 뇌를 흔히 컴퓨터에 비교하는데 뇌는 엄연히 살아 있는 것이다. 이러한 근본적인 차이를 무시하면 오해를 만들 수 있다. 컴퓨터는 용량이 정해져 있고 그 안에서 새로운 프로그램을 설치하고 문서를 저장한다. 사람의 뇌를 컴퓨터처럼 생각하는 것은 뇌의 신경세포가 신경망을 만드는 과정 안에서 이미 정해져 있는 뇌에 새로운 것을 배우고 저장한다는 가정을 만들게 된다. 하지만 정해진 용량의 하드웨어에 소프트웨어를 설치하는 컴퓨터와는 달리, 뇌는 하드웨어와 소프트웨어로 구별되는 구조가 아니다.

새로운 프로그램을 뇌에 설치하는 과정은 하드웨어 자체를 변형시키는 과정이다. 또 하드웨어가 기계의 경우처럼 용량이 정해져 있지 않으므로 살아 있는 뇌는 계속해서 변화한다. 병이나 노화를 겪으면 뇌세포가 손상되기도 하고 다시 자라기도 한다. 새로운 것을 학습하는 것은 뇌세포들의 새로운 연결을 만드는 것이다. 신체적인 활동은 뇌세포를 자라게 하기도 하고 연결을 만들기도 하는 등 물리적인 변화를 만든다.

신체적 피트니스가 인지기능을 향상시킬 것이라는 이론적인 배경은 동물을 모델로 하는 세포생물학 및 분자생물학 연구들에서 찾을 수 있다. 쥐들을 대상으로 한 많은 실험이 이에 해당하는데, 쥐가 쳇바퀴에서 끊임없이 달리는 활동이 뇌에 어떤 영향을 미치는지 연구한 것들이다.

일정 시간 동안 달리기를 하도록 만든 쥐와 신체적 활동을 제한한 쥐, 이 두 경우의 쥐를 비교해보면 뇌의 구조에서 많은 차이를 나타냈다. 특히 이미 노화된 쥐들의 뇌에서도 기능적이고 구조적인 향상을 보여주었다. 달리기를 하는 쥐들은 움직임이나 균형에 중요한 역할을 한다고 알려져 있는 소뇌의 모세혈관이 더 많아지고,[15] 도파민 수용체의 밀도가 높아졌으며,[16] BDNF라고 불리는 뇌신경 생장인자가 늘어났다.[17] 게다가 기억과 관련된 부위인 해마에 새로운 세포 또한 늘어났다.[18]

이러한 연구 결과들을 통해 알 수 있는 점은, 달리기 운동이 뇌에 세포적, 분자적, 화학적 변화를 일으키는데 이는 운동과 인지기능이 연계된다는 점이다. 사람의 경우도 마찬가지다. 신체적 피트니스는 신체적인 건강뿐 아니라 학습과 기억에 관련된 인지기능을 향상시킨다. 학습은 뇌 신경세포들의 연결을 새로이 만들거나 강화하는 과정이라고 할 수 있다. 영어 단어를 외우고 수학 문제를 푸는 것만이 신경세포의 연결을 강화하는 것이 아니다.

뇌는 근육과 마찬가지로 물리적인 구조를 가지고 있고, 신체적 활동은 뇌의 발달에 필수적이다. 인지기능과 신체적 활동은 밀접하게 연관되어 있으므로 신체적 활동은 인지 능력 향상에 분명 효과가 있다.

한 가지만 꼽으라면 유산소운동

학생들의 신체적 활동과 학업성취와의 관계를 다룬 여러 연구들을 모아서 분석해 보니 지각, 지능, 성취, 언어, 수리, 기억, 학업 수준이라는 여러 요소가 모두 신체적인 활동과 상관관계가 있다는 것을 알 수 있었다. 신체적 활동이 많은 사람이 인지적으로도 똑똑하다는 것이다. 특히 이런 연구 결과는 어린 시절부터 활발하게 신체적 활동을 이어온 사람이 성인기에 와서도 인지적으로 건강하다는 사실을 보여주었다.

신체적 활동과 인지기능의 관계에 대한 과학적인 연구는 1930년대 이후부터 시작되었지만, 1970년대 이후가 되어서야 체계적으로 진행되었다. 초기의 연구들은 신체적인 활동이 빠른 반응 속도와 관련되어 있다는 결과를 보여주었다. 우리가 흔히 예상할 수 있듯이 신체적 활동이 활발하면 운동신경이 발달된다는 점은 당연한 상식이다. 그러나 최근의 연구들은 신체적 활동이 고급 인지 능력인 주의, 집행기억, 공간지각, 과제전환을 향상시킨다는 결과를 많이 보여주고 있다.

뇌과학의 발달은 뇌의 생물학적인 변화와 인지행동적 변화의 관계를 한층 더 잘 알려준다. 고령화 사회에서 가장 두려운 병인 치매는 교육을 많이 받은 사람에게도 나타나고 신체적으로 다른 질병이 없는 경우에도 나타난다. 많은 연구를 통해 백신이 개발되고 있으며, 인지퇴화를 늦추는 약도 나와 있다. 이를 예방하는 라이프스타일에 대한 지침도 있다.

사람의 발달은 한 가지 측면으로만 이루어지는 것이 아니기 때문에 다각적으로 접근하는 것이 맞다. 계속해서 무언가를 배우는 것도 중요하고, 사회적으로 활동을 이어가는 모습도 확실히 중요하다. 그러나 지금까지 소개된 연구 중에서 노화를 동반하는 뇌의 손실을 되돌릴 수 있는 가장 확실한 방법으로 추천하는 것이 유산소운동이다.

일리노이주립대학의 크레이머 교수 연구팀은 실험을 통하

여 운동이 인지기능을 향상시킨다는 사실을 보여준 것으로 널리 알려졌다.[19] 운동이 건강에 중요하다는 것은 새로운 이야기가 아니다. 그러나 이 연구가 많은 관심을 받은 이유는, 평소 운동을 잘 하지 않던 참여자들이 몇 개월간 꾸준히 유산소운동을 한 결과 인지기능이 향상되었다는 것을 보여주었기 때문이다.

일리노이주립대학의 베크먼센터에서 심리학, 생리학, 뇌과학, 체육학 등 다학제적 참여자 중 무작위로 선정된 반은 유산소운동 실험 조건에 할당되었다. 외부에서 운동하는 것은 날씨에 따라 차질이 생길 수 있기 때문에 실내인 널찍한 쇼핑몰에서 빨리 걷기를 하도록 지시하였다. 유산소운동의 효과를 보기 위해서 약간은 숨이 찰 만큼 꽤 강도 있는 속도로 걷게 했으며 이때 체육학과 연구진과 의료진들도 동행하였다.

참여자들은 일주일에 세 번씩, 매번 한 시간의 유산소운동을 했으며 이 실행은 6개월간 진행되었다. 연구 참여자들은 이 유산소운동 프로그램을 시작하기 전과 프로그램이 끝난 6개월 후에 최대 산소섭취량, 지구력, 근력 등 기본적인 신체지표를 측정하였다. 아울러 지능검사를 포함한 다양한 인지기능 검사도 모두 받았다. 인지 능력이 유산소운동으로 향상되었다면 그 향상된 인지 능력이 얼마나 지속되는가를 확인하기 위해서 운동 프로그램이 종료된 후 다시 6개월 뒤에 기본 신체지표 및 인지기능 검사를 수행했다.

이 연구 결과, 유산소운동을 한 집단이 과제 전환이나 억제 능력과 같은 집행 능력에서 통제 집단보다 더욱 향상되었다. 더구나 운동으로 향상된 인지기능은 노화와 더불어 가장 많이 퇴화한다고 알려진 집행기능이다.

더욱 놀라운 것은 후속 연구들을 통해, 성인이 유산소운동을 꾸준히 할 때 인지기능과 직접 관련된 뇌 영역의 부피가 증가한다는 것 또한 확인하였다. 노화가 진행되면서 기억과 관련된 뇌 부위인 해마가 세포를 잃으면서 수축되고 그 결과 기억력이 손상된다. 더불어 치매의 위험도 높아진다.

이 연구진의 피트니스 개입 연구에서는 6개월간의 유산소운동이 내측 해마의 부피를 2퍼센트가량 증가시켰으며, 공간 기억도 향상시킨다는 것을 보여주었다. 이 해마의 향상은 1~2년 정도의 노화를 되돌리는 격이다.[20]

또한 이 연구는 운동이 뇌신경 생장 요소인 BDNFBrain Derived Neuroprophic Factor를 증가시킨다는 것을 보여주었다. 유산소운동이 백질과 회백질의 부피를 증가시켰다는 연구 결과는 유산소운동이 신경세포들 간의 연결을 더 증가시킨다는 사실을 알려준다.

'러너즈 하이'를 목표로

운동과 인지기능의 관계를 좀 더 체계적으로 연구하기 위해 시행된 많은 연구가 있다. 이를 분석한 메타연구의 결과를 보면, 피트니스 훈련이 모든 인지기능을 동일하게 향상시키는 것은 아니고, 집행기능이라 불리는 계획이나 통제의 기능에 가장 큰 효과를 보인다고 하였다.

이 메타연구 결과는 운동을 장기간으로 할 경우에 뇌 인지기능을 향상시키는 효과가 더 높고, 유산소운동과 근력 운동을 동반할 경우 유산소운동만 하는 경우보다 효과가 높았으며, 운동시간이 단시간(30분 이내)인 경우 인지기능의 향상은 별로 관찰되지 않았다. 즉 운동으로 뇌의 기능을 향상시키는 효과를 보려면 유산소운동을 30분 이상은 해야 한다는 얘기다.

최적의 운동량은 사람마다 다 다르다. 미국의 경우 신체활동의 지표로 나와 있는 가이드라인을 보면 6세부터 17세까지의 어린이와 청소년이라면 하루에 60분 이상 운동을 하라고 권한다. 이 60분 안에는 유산소운동과 근력 운동, 그리고 뼈를 강화할 수 있는 운동이 포함되어야 한다. 유산소운동의 경우 일주일에 3회 이상 실시하며 중강도에서 고강도의 신체활동이 필요하다고 권한다.

어느 정도의 운동이 중강도이고 고강도인가는 개인의 체력에 달려 있다. 일반적으로는 운동을 하면서 노래를 부를 수 있으면 저강도로 움직이는 것이고, 운동을 하면서 문장을 써서 대화를 할 수 있으면 중강도의 활동으로 볼 수 있다. 그리고 운동을 하면서 대화를 할 때 단어만 겨우 쓸 정도이면 고강도의 활동이라고 한다.

즉 달리기를 하면서 노래를 하고 있다는 것은 충분히 유산소운동이 될 만큼 달리지 않고 있다는 뜻이다. 한창 달리다가 친구를 길에서 만났을 때 여유 있게 말이 안 나오고 헉헉거리며 몇 마디 단어만 가지고 대화를 할 정도가 되어야 고강도의 유산소운동이다.

18세 이상 성인을 위한 신체활동의 가이드라인은 청소년기보다는 약하지만 현대인들의 평균적인 움직임보다는 한참 더 많은 활동을 권한다. 매일 일상 속에서 앉아 있는 시간보다 움직이는 시간이 더 많아야 하며, 일주일에 적어도 150분~300분(2시간 반에서 5시간)까지 중강도에서 고강도의 유산소운동을 필요로 한다.

일주일에 2회 이상 근력 운동도 꼭 해야 한다. 일주일에 2시간 반에서 5시간까지라는 유산소운동은 하루에 몰아서 하는 것이 아니라 일주일에 나누어서 하는 것이 바람직한데, 가능하면 일주일에 5시간 이상의 운동을 하는 것이 건강에 여러모로 유익하다.

그런데 이런 가이드라인에서 중강도, 고강도라는 표현이 어떤 정해진 속도로 뛰는 것이 아니라 개개인에 따라 각기 다른 강도로 적용된다는 점을 유의해야 한다. 본인의 체력에 맞추어야 한다는 얘기다. 가령 너무 힘들 때는 쉬는 것이 중요하고 부상을 막는 길이다. 그렇지만 유산소운동이 중강도에서 고강도로 요구되는 것처럼 근력 운동도 자신의 최대치까지 시도하는 것이 좋다. 즉 힘들어서 못 할 때까지 해야 충분히 운동이 된다는 말이다.

운동을 자신의 최대치까지 한다는 것은 뇌 인지 발달에 큰 의의가 있다. 피트니스와 인지 능력의 관계를 살핀 연구들에서 많이 사용하는 것이 최대 산소섭취량VO2 Max이라는 지표다. 최대 산소섭취량은 마라토너나 운동선수들에게는 익숙한 지표다. 우리가 달리기를 하거나 언덕을 오를 때 숨이 차오르지만 잠시 멈추어 쉬면 금세 나아진다. 운동 강도가 높아짐에 따라 산소섭취량도 계속 높아지고 몸이 더 이상 산소를 섭취할 수 없는 지점에 다다르게 되는데 이것이 최대 산소섭취량이다.

최대 산소섭취량은 운동선수들에게 있어 체력 나이라고 부를 만큼 중요한 유산소적 능력이다. 이 수치는 연령에 따라 차이가 있지만 정기적인 운동을 통해 저하를 막을 수 있고 생활습관이나 훈련을 통해 증가시킬 수 있다. 운동과 뇌 인지기능과의 관계에 대한 연구의 기본적인 가설은 산소의 섭취와 뇌세포 발달의 상관관계에 기반한다.

　이런 연구에 대해서 말하면 운동선수들이 특별히 인지 능력에 있어 뛰어난 것은 아니지 않느냐고 반문하는 경우가 많다. 이 연구의 바탕은 운동선수가 다른 사람과 비교해서 뇌 인지 능력이 뛰어나냐 아니냐의 문제가 아니다. 개개인이 다른 조건의 뇌와 신체를 가지고 살아가지만 각자의 인지적 능력을 향상시킬 수 있는 길은 신체적 활동에 있음을 보여주는 것에 그 의미가 있다.

　청소년기에는 계속 성장하고 변화하기 때문에 신체적 활동과 뇌 인지와의 관계가 잘 눈에 띄지 않을 수도 있다. 그러나 나이가 많이 드신 어른들이 어느 날 갑자기 넘어져서 신체적 활동을 못 하게 될 때 동시에 인지 능력까지 떨어지는 경우를 많이 보게 된다.

　신체적인 활동은 몸의 질병을 줄일 뿐 아니라 정신적인 질병도 줄이는 역할을 한다. 운동은 우울증 및 다른 정서 장애를 줄일 수 있다. 장거리 달리기를 즐기는 사람들이 자주 이야기하는 '러너즈 하이runner's high'는 힘들게 달리면서 고통이 시작될 무렵 체내에서 마약 성분 같은 신경화학물질인 엔도르핀이 분비되면서 희열을 느끼게 되는 것을 말한다. 양전자 방출 단층촬영PET을 이용하여 측정해보니 운동 시 뇌에서 엔도르핀이 배출되는 것이 확인되었다.[21]

달리기로 인한 러너즈 하이는 엔도르핀뿐 아니라 세로토닌
이나 도파민과 같은 행복감에 관여하는 신경화학물질에도 관
여하는 것으로 알려져 있다. 신체적 활동과 뇌의 관계는 인간의
몸이 뛰고 활발하게 활동하는 데 최적화되어 있고 지나치게 움
직이지 않을 때 신경화학적인 균형이 맞지 않아서 문제를 일으
킬 수 있음을 보여준다.

수많은 연구들을 통해 신체적 활동과 정신건강의 관련성이
아주 밀접함을 알 수 있다. 규칙적인 운동이 우울감을 크게 감
소시키고 삶의 질을 높인다는 연구가 너무나 많다. 즐거움과 보
상의 신경적 기전을 제공하는 도파민의 경우 움직임에도 결정
적인 역할을 담당한다.

우리는 똑똑해지려면 공부를 열심히 해야 한다고 생각한다.
입시생들의 경우 운동은 스트레스 해소용이라고 생각한다. 엉
덩이를 붙이고 오래 앉아 있는 것이 공부를 열심히 하는 태도라
고 믿는다. 그리고 운동은 다이어트와 더불어 살을 빼는 방법이
라고만 여긴다.

내가 운동을 매우 좋아한다고 사람들에게 이야기하면 늘 이
런 말을 듣는다.

"살이 찌지도 않았는데 왜 그렇게 운동을 열심히 해요?"

한국의 많은 학생이 햇볕을 충분히 쬐지 못해서 비타민D가
부족하다는 기사를 읽으면 우리 사회와 교육의 현실이 느껴져

안타까울 뿐이다. 책상에 오랫동안 앉아 공부만 하고 몸을 움직이지 않는 것은 정서적, 사회적으로 문제가 있는 뇌를 만들 뿐아니라 인지기능에도 부정적인 영향을 끼친다.

운동하는 뇌가 똑똑하다. 뇌를 향상시키고자 한다면 가만히앉아 공부나 일만 하지 말고 지금 당장 몸을 움직이자.

4부

사람은 죽기 전까지 발전한다

사회적인 뇌는
공감부터

보이는 대로만 듣는 사람들

유학을 결심하고 일리노이주립대학교 심리학과 대학원에서 공부하기 시작했을 때 나는 불과 스물두 살이었다. 영어도 서툴렀던데다 미국이라는 새로운 환경에 적응하는 것 또한 쉽지 않았다.

영어를 유창하게 구사하지 못하던 나는 늘 기가 죽어 있었다. 대부분 토론 형식으로 진행되는 수업에서 제대로 입을 열기란 만무했다. 말을 청산유수로 잘 하는 학생들이 유난히 많이 모여 있는 이 심리학과에서, 영어가 모국어가 아니었던 내가 유일하게 잘 할 수 있었던 것은 통계 과목과 프로그래밍뿐이었던 것 같다.

어느 날 통계 수업을 시작하기 전에 강의실에 앉아 있는데 클래스메이트 한 명이 "커피를 사 올 수 있을 시간이 되려나" 중얼거리더니 나에게 와서 지금 몇 시인지를 물었다. 수업시간 10분 전이라고 대답해주자 고맙다고 하더니 재빨리 걸어 나갔다. 그때의 짧은 순간이 내겐 깊이 기억되고 있다.

별것 아닌 이 일이 두고두고 기억에 남는 이유는, 그 친구에게 나는 영어를 못하는 동양 유학생이 아니라 그냥 클래스메이트일 뿐이라는 사실이 바로 느껴졌기 때문이다. 나에게 말을 붙일 때 다른 학생들은 청각장애인에게 말하듯이 또박또박 한 단어씩 천천히 말하곤 했다. 그리고 사실 그다지 자주 말을 걸어주지도 않았다. 그러나 중얼거리며 지나가는 소리로 말을 걸어온 이 친구는 동양인인 내가 영어를 못할 것이라고 전혀 생각하지 않았던 것이다.

다음 번 통계 수업에 내 옆자리에 앉은 그 친구는 새로 산 통계용 계산기를 흐뭇해하며 테스트해 보고 있었다. 공부를 새로 시작하려면 학용품부터 새로 사는 나와 너무 비슷해서 웃음이 나왔다. 슬쩍 말을 건네 보았다.

"역시 공부도 쇼핑부터 해야 더 잘 되지 않니?"

그러자 그 친구도 웃으면서 되물었다.

"나 계산기 새로 사서 너무 좋아하는 거 티 나니?"

그렇게 만난 콜린은 지금껏 평생 가는 내 친구가 되었다.

그때 함께 공부한 대학원의 수많은 학생들은 나에게 말을 할 때 또박또박 큰 소리로 전하는 것이 배려라고 생각했을지 모른다. 그러나 동양계라는 외모만 보고 당연히 영어를 못할 것이라고 가정하는 것도 마음에 들지 않지만, 실제로 내가 쓰는 영어를 잘 알아듣지 못한다는 사실도 너무나 짜증스러웠다.

처음 미국에 도착했을 때에 불편하던 언어는 살면서 곧 익숙해졌다. 그러나 훗날 내가 깨닫게 된 것이 있다. 사람들이 내 영어를 제대로 못 알아들었던 것은 내 발음이나 표현 방법이 틀려서가 아니라, 내가 영어를 못할 것이라는 확신에 가까운 기대를 갖고 있었기에 실제로도 못 알아들었던 것이라고.

심지어 영어가 모국어일 뿐만 아니라 미국 아이치고도 유난히 언어 능력이 좋은 나의 딸도 나와 비슷한 경험을 하곤 했다.

"Go back to China and learn English!(중국으로 돌아가서 영어를 배워 와라)"

언젠가 어떤 사람에게서 들은 이 말에 딸은 황당하기 짝이 없었노라고 했다. 단순히 생각해서, 이 사람들이 인종차별주의자인가 보다 하고 생각한다 하더라도 여전히 이해가 안 가기는 마찬가지였다. 완벽히 영어를 구사하는데도 대체 왜 내 영어를 못 알아듣는 걸까?

다른 사람들과 소통하는 것은 흔히 생각하는 것처럼 음성 언어를 기계적으로 처리하는 것만으로 이루어지는 것은 아니다. 심리학 이론 중에 '맥거크 효과McGurk effect'라는 것이 있다. 귀에 들리는 소리가 똑같아도 눈에 보이는 사람의 입 모양이 바뀌면 다른 소리로 들린다는 것이다. 이 효과는 놀라울 만큼 강력하다. 이 효과를 연구하던 심리학자가 교육용 비디오를 만들면서 의견을 냈는데, 자기가 만든 비디오를 볼 때도 이 효과는 여전하다고 한다.

눈에 보이는 것에 따라 귀에도 다르게 들린다. 눈을 감으면 그때는 귀에 들리는 소리를 정확하게 알아듣는다. 눈에 보이는 것과 귀에 들리는 것이 서로 맞지 않으면 시각 자극이 더 강력하게 청각 자극을 바꾸어서 처리하는 것이다. 그런데 눈에 보이는 것과 귀에 들리는 것이 서로 맞는지에 대한 판단은 우리의 경험을 통해 알 수 있다.

일리노이에서 사귄 친구 콜린은 다양한 배경의 가족들을 두고 있다. 샌디에이고에서 자란 콜린은 백인의 미국인이었는데, 그녀의 결혼으로 연결된 가족은 국적이 다양했다. 오빠의 부인은 러시아 사람이고, 남동생의 부인은 이라크 사람이다. 콜린의 남편은 스위스 사람이고, 남편의 형과 결혼한 부인은 그리스 출신이다. 콜린의 설명에 따르면 샌디에이고는 항구도시라서 전세계 여러 나라에서 온 사람들이 살고 있다고 한다. 그러다 보니 가족 또한 자연스레 다국적 가정이 되었다는 것이다.

미국이 러시아와 정치적인 분쟁을 겪었을 때나 이라크와 전쟁이 있었을 때도 콜린은 가족들부터 걱정했다. 콜린에게는 다른 국적을 지닌 사람들도 모두 자기 가족이었기 때문이다. 영어로 소통할 때 발음이 다르다고 해서 무시하거나 차별한다는 것은 그녀에겐 있을 수도 없는 일이었다.

콜린은 나와 친해진 이후로는 한국에 대한 관심도 부쩍 많아졌다. 외국 사람에 대한 편견이 없는 콜린의 가족들은 나를 보면서 한국에서 온 콜린의 쌍둥이 자매라 부르곤 했다. 콜린의 가족 또한 외국인을 대할 때 자신과는 다른 인종의 사람으로 보지 않고, 사람 그 자체로만 바라보며 공감할 수 있는 멋진 사람들이었다.

공감 능력의 단서를 제공하는 거울뉴런

미국에서 강의를 하다 보면 의외로 말이 많은 학생들이 생각보다 더 많다. 언젠가 수업 시간에 지나치게 말이 많은 학생이 있었다. 단순히 말이 많아서 문제인 것보다, 다른 학생들을 전혀 존중하지 않은 채 무시하고 자기가 하고 싶은 이야기만 계속해서 하는 것이다. 이 학생은 자기가 수업을 방해한다는 것을 전혀 의식하지 못하는 듯했다.

어느 날 수업이 끝나고 나를 찾아온 그 학생은, 혹시 자기가 수업시간에 사회적으로 옳지 않는 행동을 하면 바로 딱 잘라서 끊어달라고 요청하는 것이었다. 이 학생은 아스퍼거 장애를 앓고 있었다. 우리가 알고 있는 자폐증이 다 일률적인 것은 아니고 개인차가 크기 때문에 자폐증 스펙트럼이라는 여러 가지 증상을 포괄하는 명칭이 사용된다. 아스퍼거 장애도 그 스펙트럼에 포함되어 있다.

아스퍼거 장애는 언어능력과 지능이 높은 편이라는 점에서 우리가 흔히 알고 있는 자폐증과는 다르다. 그렇지만 아스퍼거 장애의 경우 역시 사회적인 상호작용이 어렵다. 위에 언급한 그 학생은 수업시간에 자기가 하는 행동 때문에 다른 학우들이 불편해하는 것을 알아차리는 것이 불가능하다. 그래서 자신이 적절하지 않은 행동을 했을 때 누군가 아주 직설적으로 말해주면 그걸 외워서 맞추어 행동하곤 하였다.

우리는 처음 보는 낯선 사람도 그 사람이 어떤 성격인지, 이 사람이 괜찮은 사람인지 아니면 피해야 할 사람인지 상당히 정확하게 판단할 수 있다. 드라마를 보면 보통 왜 여주인공이 화가 났는지, 어디가 삼각관계인지, 누가 착한 사람이고 누가 악역인지 바로 알 수 있다. 너무 뻔한 스토리라고 지겨워할 때도 있다. 심지어 한국어를 못하는 외국인이 한국 드라마를 봐도 어떻게 돌아가는 이야기인지 다 알 수 있을 정도다.

이렇게 뻔한 내용이지만 자폐증 스펙트럼 장애를 가지고 있는 이들에게는 이런 스토리가 전혀 이해되지 않을 것이다. 지금 한 말을 직설적으로 알아들어야 하는지, 아니면 반대 의미를 가지고 있는지를 구분하지 못한다. 보통의 경우라면 상대의 표정과 목소리와 몸짓이 그의 의중을 쉽게 알아차릴 수 있는 비언어적 단서가 되지만, 자폐증 스펙트럼 장애를 가지고 있는 이들에게는 미스터리일 뿐이다.

IQ가 평균보다 높은 사람들도 드라마나 영화를 볼 때 전혀 이해가 안 된다고 말한다. 왜 이 사람은 저렇게 행동하는지, 왜 슬퍼하는지, 왜 저 사람을 미워하는지, 사회적 관계로 이루어진 드라마와 영화 속 상황을 보면 무슨 소리인지 도대체 알지 못하겠다는 것이다.

뇌과학자들은 거울뉴런이 자폐증에 대한 새로운 이해와 치료를 제공할 것으로 기대하고 많은 연구를 진행하고 있다. 인간에게 공감 능력이 있다는 것을 뇌과학적으로 설명한 연구들이 많이 있다. 타니아 싱어Tania Singer와 동료들은 기능적 자기공명영상을 이용하여, 내가 고통을 느낄 때 나타나는 뇌의 활동과 내가 사랑하는 파트너가 고통을 느낄 때 나타나는 뇌의 활동이 유사하다는 것을 보여주었다.[1] 공감은 정의하기 어려운 감정이 아니라 물리적 경험으로 받아들일 수 있다는 얘기다.

뇌의 거울뉴런을 발견한 이탈리아의 뇌과학자 지아코모 리쫄라티Giacomo Rizzolatti의 연구는 뇌가 고통과 근육운동뿐 아니라 다른 사람의 감정도 그대로 반영할 수 있다는 것을 보여주었다. 메스꺼움을 표현하는 타인의 표정을 보고 실험 참가자들의 뇌는 어떻게 반응했을까? 그들의 뇌는 자신이 직접 역겨운 냄새를 맡는 것과 똑같은 반응을 나타냈다. 인간은 인지적으로 또 감정적으로 다른 사람이 느끼는 것을 함께 느끼는 능력을 갖추고 있다.[2]

진화론을 처음 주장했던 찰스 다윈은 개인의 생존에는 도움이 되지 않아도 집단이 살아남는 데 도움이 되는 특성들은 적자생존의 바탕이 된다는 것을 알고 있었다. 그러나 개인의 생존을 위한 특성의 선택이 적응의 기본원리라는 학설은 오랫동안 진화생물학의 지배적인 학설이었다.

진화생물학자 조지 윌리엄스George Williams는 1966년에 출판된《적응과 자연선택Adaptation and Natural Selection》에서 종의 선택이 아닌 개인의 선택이 적응의 기본원리라고 주장했다.[3]《이기적 유전자》를 통해 대중적으로 많이 알려진 리처드 도킨스는 개인 단위의 유전자의 보존을 목적으로 하는 자연선택 이론을 주장했다. 이런 진화생물학의 전통은, 인간은 이기적인 존재이며 이타적인 행동은 유전자를 공유하는 친족을 위한 정도라며 제한적으로 설명하고 있다.

그러나 최근의 많은 연구들은 사회적 행동이 진화의 핵심에 자리하고 있다는 증거를 제시하게 되었고 사회적 행동의 생물학적 기제를 강조하였다.[4] 타인 의존도가 절대적인 인간의 관심사는 사회적 교류에서 발생하는 것들이고, 우리는 이러한 초사회적인 뇌를 통해 세상을 이해하고 판단한다.

인공지능이 발달함에 따라 사람에게 요구되는 능력은 공감적이고 사회적인 능력으로 바뀌고 있다. 이 사회에서 사람들에게 요구하는 기술의 변화는 실제로 인간의 뇌가 잘 하는 것을 선호하게 된다. 기계와 비교하면서 인간의 본질을 생각할 때 사회적 뇌를 꼽을 수 있다.

나의 감각 경험을 통해서 세상을 바라보는 것은 다른 사람의 감각 경험을 통해 바라보는 것과 전혀 다를 수밖에 없다. 결국은 우리가 가지고 있는 뇌의 경험을 통해서 세상을 보기 때문에 서로 다른 것을 보고 다른 것을 듣고 산다고 할 수 있다. 그러나 뇌는 사회적이고 공감을 위한 기전을 가졌다.

사회적 뇌와 공감의 기제를 설명하는 데 결정적인 근거를 제공한 것은 거울뉴런이다. 지아코모 리촐라티와 동료들은 원숭이가 먹을 것을 집어서 입으로 가져가는 손의 움직임을 통해 움직임의 뇌 기전을 연구하였다. 원숭이들이 사과, 바나나, 포도 등 여러 과일을 손으로 잡을 때 운동과 관련된 운동피질의 뇌세포들이 활동한다.

연구진들이 또 발견한 것은 원숭이의 뇌세포 중에서 자기가 과일을 손으로 집을 때와 다른 사람이 과일을 손으로 집는 것을 볼 때 둘 다 활성화되는 뇌세포의 존재다. 움직이는 자신의 행동과 거울에 비친 것 같은 타인의 행동을 관찰할 때 활성화된다는 뜻이므로 거울뉴런이라 이름 붙였다.[5]

거울뉴런은 타인의 행동을 볼 때, 그리고 관찰자가 그와 똑같은 행동을 할 때 작동한다. 게다가 거울뉴런은 상대방의 행동을 볼 때에만 작동하는 것이 아니라 어떤 행동이 어떻게 일어났는지 듣고만 있어도 작동한다.

거울뉴런은 뇌의 운동영역에서만 발견되는 것이 아니라 '거울 네트워크'라고 불리는 여러 영역에서 볼 수 있다. 특히 운동피질과 감각피질을 연결하는 부위에서 보이는 거울뉴런은 수동적으로 행동을 관찰할 때도 자동적으로 반응하기 때문에 이를 통해 사람들은 타인의 행동을 내부적으로 시뮬레이션 하고 행동의 의미를 이해하는 것이 가능하다.

초기의 거울뉴런 연구는 남의 행동을 보는 것과 내가 행동하는 것이 연결되어 있다는 것에 집중되어 있었다. 하지만 많은 후속 연구들이 거울뉴런의 광범위한 역할을 보여주고 있으며, 공감과 관찰학습의 뇌과학적 근거를 제공해준다. 타인의 행동을 보고 있기만 해도 내가 그 행동을 하는 것처럼 뇌의 신경세포가 작동하는 것이다. 거울뉴런과 공감능력의 관계는 자폐아동 연구에 중요한 단서가 된다.

모방의 사회학

공감에 관한 연구 중에서 유아의 모방행동에 대한 분야를 주목할 필요가 있다. 이 연구를 통해, 움직임을 지각하는 것과 움직임을 생성하는 것 모두 뇌의 기제가 같다는 점을 알 수 있었다. 워싱턴대학의 심리학자 앤드루 멜조프Andrew Meltzoff와 엠 케이스 무어M. Keith Moore는 태어난 지 72시간도 안 된 갓난아기들도 혀를 내밀거나 입술을 뻐끔거리는 누군가의 행동을 보면 이를 따라한다는 것을 발견했다.[6] 이런 행동들은 배운 것이 아니라 타고난 것이다.

갓난아기들이 눈에 보이는 것이 혀라는 걸 어떻게 알겠는가. 자기 혀를 내민다는 것이 무슨 의미인지 의식적으로 알고 움직이는 것은 아닐 것이다. 의식적으로 흉내 내는 것과 무의식적으로 따라하는 것은 완전히 별개의 일이다. 아기를 쳐다보고 혀를 내밀면 아기도 따라서 혀를 내미는 행동은 이 아기가 스스로 조절해서 하는 의식적 행동이 아니다. 아기는 타고난 모방의 기전을 가지고 자동적으로 행동하는 것이다.

모방은 아기의 사회적인 상호작용의 시작이다. 아기들은 사람의 행동은 따라하지만 물건들의 움직임은 따라하지 않는다. 아기는 생물학적인 움직임을 알아차리고 얼굴이나 얼굴표정에 반응하는 기제를 타고난다. 갓난아기가 목을 가누기도 전에 모방의 사회적인 체계를 형성하는 것은 학습을 통해서 이루어진 것이 아니다.

이런 무의식적인 모방 행동은 3개월이 넘어가는 아기에게서는 더 이상 나오지 않는다. 그렇지만 자동적인 모방행동은 무조건적 모방을 했던 이전과는 다르게, 아기가 따라하는 행동을 스스로 이해하면서 따라하도록 차츰 변화한다. 3개월 이전의 아기들은 보이는 것을 자동적으로 따라하지만 그 이후에는 목적에 맞는 행동을 하게 된다는 얘기다.

이와 관련된 실험이 있다. 아기가 보는 앞에서 한 사람이 모래를 양동이에 넣고 있다. 이를 본 아기는 자신도 양동이에 모래 넣기를 따라하게 되는데, 이때 무작정 눈앞에 있는 사람의 손동작을 그대로 따라하는 게 아니라 양동이에 모래를 넣는다는 목적 자체를 이루기 위한 행동을 보인다.[7]

움직임의 모방과 시뮬레이션에 대한 연구는 다른 사람을 보기만 해도 관찰자의 뇌에서 동일한 움직임의 영역을 활성화시킨다는 것을 보여주었다. 특히 감정적으로 표현을 하는 타인을 쳐다보기만 해도 보는 사람의 표정과 움직임의 영역까지 활성화시킨다는 것을 알아냈다.

모방이라는 것이 뇌세포 수준에서 발생하기 위해 굳이 내가 실제로 행동하지 않아도 된다는 뜻이다. 다시 말해, 다른 사람의 행동이나 표정을 보고 내가 똑같이 표정이나 행동으로 반응하지 않더라도 나의 뇌에서 감정표현과 관련된 움직임의 영역이 활성화된다는 것이다.

따라서 내가 타인이 감정에 대하여 웃고 우는 것으로 반응하지 않더라도 신경 수준의 모방이 이루어질 수 있다. 그렇지만 나의 명백한 움직임은 감정적 경험을 좀 더 높여주어 감정적 이해를 한층 더 끌어올린다.

공감 능력이 개별적으로 차이가 나는 것은 공감 반응의 근본이 되는 신경회로의 기전이 얼마나 효율적이냐에 따라 달라진다. 공감 능력이 높지 않은 개인들의 경우에 직접 몸을 움직이며 행동하는 것이 공감의 효율성을 높일 수 있다는 연구가 있다. 심리학자 챠트랜드Tanya Chartrand와 바그John Bargh의 연구에 따르면, 사회 환경에서 다른 사람의 행동을 자동적으로 모방하는 경향이 큰 개인은 공감 테스트에서도 높은 점수를 받는다고 하였다. 이 연구결과는 다른 사람의 행동을 모방하는 것이 공감 능력을 향상시킨다는 생각을 뒷받침한다.[8]

자동적으로 모방할 수 있는 경향성이 낮고 공감 능력이 떨어지는 사람들에게는 거울연습, 즉 상대방의 움직임을 따라해보는 것이 치료법으로써 도움이 될 것이다. 타인에게 공감할 수 있는 능력은 개인별로 차이가 난다. 특히 자폐나 아스퍼거 경향성이 있는 사람이라면 다른 인지 능력이 아무리 뛰어나다 할지라도 전혀 공감이란 것을 못하는 경우가 많다.

우리는 앞에 있는 사람의 몸짓, 말투 등을 무의식적으로 따라하는 경향이 있다. 사람들의 몸짓을 무의식적으로 따라할 때 더 친해지고 더 긍정적인 마음이 된다는 연구도 있다. 결혼한 부부가 살면 살수록 점점 닮아가는 모습도 종종 목격된다. 정서와 기분이 전염된다는 것은 사실 우리가 항상 경험하는 것이다. 슬픈 영화를 보면 슬퍼지고, 밝은 음악을 들으면 기분이 밝아지기도 한다.

긍정 정서를 표현하지 않는 사람들이나 정서에 반응하지 않는 사람들과 사회적으로 상호작용하면 혈압이 높아진다는 연구 결과가 있다. 태어난 지 얼마 안 된 아기도 엄마의 정서적 기분에 의해서 많은 영향을 받는다. 산후우울증이 있는 엄마는 아기에게 정서적인 표현을 적게 하고, 아기에게 많은 자극을 제공해 주지 못하거나 아기의 행동에 대해 느리게 반응해주는 경향이 있다. 결과적으로 아기는 엄마와의 상호작용에서 스트레스를 겪고 아기도 우울한 반응을 보이게 된다.[9]

뇌는 사회적이다. 다른 사람을 공감해주면서 교류하는 것은 가장 본능적이고 기본적인 기능이다. 거기에 더해 다른 사람을 따라할 때 더 가까워진다. 우리의 정서는 신체를 통한 감각과 근육의 움직임을 통해 경험이 되는 반응이다. 책을 읽는다거나 영화를 보거나 다른 사람의 이야기를 듣는 것은 공감을 통해서 무언가를 경험하는 일이다. 이런 공감의 기제 역시 내가 그 입장이 되어 상상하는 과정이다.

챠트랜드와 바그 교수가 결론 냈듯이 타인의 행동을 모방하면 공감 능력이 향상되는데, 이러한 사회적 모방을 의식적으로 활용하면 효과적인 구애전략이 된다. 상대의 신체 언어를 모방하면 상대는 그것을 통해 자신도 모르게 나에게 친밀감을 느끼게 될 것이며, 더불어 호감이 생겨난다.

다른 사람을 항상 따라하지 않더라도 우리는 늘 타인에 대한 이야기를 화젯거리로 올린다. 사람들의 대화를 분석한 연구에 따르면 남에 대한 이야기가 제일 큰 비율을 차지한다고 한다. 회식이나 모임에서 사람들과 앉아서 무슨 이야기를 했는지 기억해보자. 가족 이야기, 친구, 이웃, 동료, 정치인, 연예인 이야기가 대부분이다.

가십이 친구관계를 더 돈독하게 만들기도 한다. 다른 사람에 대해 함께 험담하는 와중에 자신의 약점까지 털어놓게 되어 더욱 친해질 수 있다는 연구도 있다. 가십이 뇌에 사회적으로 기능하고 있음을, 즉 우리의 뇌가 사회적 목적으로 기능하고 있음을 알 수 있다.

스스로 회복하고
보완하는 뇌

뇌를 컴퓨터 따위와 비교하지 마라

심리학 강의를 진행하다가 유난히 기운이 쭉 빠질 때가 있다. 학생들이 아주 낡은 이론이나 근거 없는 이야기를 사실인 것처럼 주장하는 경우다. 교수가 학생들에게 잘 설명하여 이해시키면 되는 것 아니냐고 말할지 모르겠지만 정말로 생각이 바뀌는 것은 쉽지 않은 일이다. 뇌 이야기가 특히 그러하다.

뇌세포는 한 번 가지고 태어나면 쭉 고정된다는 가설이 오랫동안 과학계의 정설로 내려왔다. 그러나 지난 100년간 뇌과학 연구에서 가장 중요한 발견 중 하나가 뇌세포는 고정되어 있다는 기존 가설을 뒤엎는 연구들이다. 뇌세포가 태내에서나 아주 어릴 때 만들어진 후 더 이상 새로 생기거나 바뀌지 않는다는 것은 낡은 이론이다.

인생 전반에 걸쳐 뇌는 변화한다. 뇌 가소성이라는 것이 원하는 대로 뇌를 바꿀 수 있다는 의미는 아니다. 뇌졸중이나 사고로 뇌의 일부가 손상되어 신경세포들이 죽으면 그 신경세포는 다시 살아날 수 없다. 그러나 주변의 신경세포들이 연결망을 확장하여 손상된 기능을 대신 맡아주면 뇌졸중으로 뇌의 조직이 손상당해도 점차 기능을 회복할 수 있다.

뇌가 유연성을 가지고 있다는 뜻의 '뇌 가소성'이라는 단어는 손상된 뇌세포의 기능을 다른 뇌세포가 맡아서 한다는 의미로 많이 사용된다.

사람 뇌의 신경세포가 학습이나 경험을 통해 새로 생긴다는 주장은 지금도 논쟁 중이다. 새로 생기는 뇌세포는 사실 그리 많지 않다고 알려져 있다. 새로 만들어지는 신경세포는 수적으로는 한계가 있지만, 분명한 것은 뇌가 끊임없이 변화한다는 사실이다. 학습은 결국 뇌의 연결망을 바꾸는 작업이다.

뇌 가소성을 이야기할 때 자주 등장하는 뇌의 부위는 학습이나 기억과 관련된 해마다. 특히나 유산소운동이나 공간학습이 해마의 부피를 증가시킬 수 있다는 여러 연구들이 있다. 그렇다고 해서 뇌세포가 새로 생겼다고 결론 내리지는 않으며 신경망의 형성이나 미엘린의 증가로 먼저 해석하고 있다. 그러나 뇌의 기능적인 면으로 볼 때 이런 변화 역시 큰 의미가 있다.

사람들은 흔히 뇌를 컴퓨터에 비교한다. 기능적인 설명을 위한 비유일 뿐 당연히 뇌는 컴퓨터와 전혀 다르다. 뇌에 대한 오해들 중에서 대표적인 것이 '뇌는 변하지 않는다'는 것이다.

컴퓨터의 하드웨어는 변화하지 않는다. 그래픽 카드가 어느 날 갑자기 CPU로 변할 수는 없는 것처럼 말이다. 그러나 뇌는 기계의 부속품처럼 고정되지 않았다. 뇌세포는 새로 생기기도 하고 죽기도 한다. 새로운 연결망도 만들어진다. 사고나 질병으로 인해 뇌에 손상이 생기거나 노화로 인해 효율이 떨어지면 뇌의 다른 부분들이 함께 일을 하거나 손상된 부분의 역할을 대신 맡아주기도 한다.

1999년에 프린스턴대학의 엘리자베스 굴드Elizabeth Gould와 찰스 그로스Charles Gross 교수는 원숭이를 대상으로 뇌에 새로운 신경세포가 지속적으로 더해지고 있다는 연구 결과를 발표하였다.[10] 이런 신경세포가 새로이 많이 만들어지는 대표적인 부위가 기억과 관련된 해마다. 이 연구는 해마가 활발한 활동을 할 때 신경세포의 개수가 계속 증가하고, 또 해마의 세포들과 다른 뇌 부위와의 연결망이 계속 증가한다는 것을 보여주었다.

이 연구가 또 증명한 것은 해마의 신경세포들의 나이가 다 다르다는 것이다. 이 결과는 뇌세포가 어릴 때 만들어지면 고정되어 더 이상 변하지 않는다는 것이 잘못된 믿음이라는 것을 보여주었다. 미국 럿거스대학의 트레이시 쇼어스Tracy Shors 교수팀은 쥐를 이용한 연구를 통해, 새로운 기술을 학습하는 것이 신경세포의 수를 늘린다는 결과를 발표하였다.[11] 더 흥미로운 점은 새로운 신경세포가 더 많이 생길수록 기억력도 따라서 더 좋아졌다는 것이다.

2000년 런던대학의 엘리노어 맥과이어Eleanor Maguire 교수의 연구팀이 발표한 논문도 널리 알려져 있다. 이 연구는 런던 시내를 운전하는 택시 운전사의 뇌를 MRI로 스캔하여 일반 집단과 비교한 것이다. 런던 시내의 길은 아주 복잡한 것으로 유명한데, 런던의 택시 운전사들은 이 길을 다 외우고 있어야 택시 운전을 위한 시험에 통과할 수 있다. 따라서 택시 운전을 위한 면허를 따기 위해 운전사들은 많은 학습을 해야만 하고, 운전을 하면서도 계속해서 새로운 길을 익혀야 한다.

이 연구에서 놀라운 것을 발견하였다. 런던 택시 운전사들의 해마가 일반 사람들보다 더 크고, 특히 택시 운전 경력이 많을수록 해마의 크기가 더 크다는 것을 알게 된 것이다. 연구 디자인 자체는 간단한 연구였으나 뇌가 사용하기에 따라서 변화할 수 있다는 것을 보여준 대표적인 연구가 되었다.[12]

그런가 하면 운동이 뇌세포를 증가시킨다는 것을 보여준 연구도 많다. 운동은 몸을 튼튼하게도 만들지만 두뇌 기능 또한 발달시킨다. 뇌가 하는 일은 기본적으로 환경의 정보를 알아내는 것이다. 그 외부환경과 상호작용하는 것은 신체이므로 몸을 활발하게 움직이면 뇌가 깨어난다고 할 수 있다.

뇌는 경험을 축적하면서 변화한다. 뇌의 일부가 손상되었을 때 다른 신경세포들이 그 역할을 대신하기도 한다. 한쪽 뇌에서 담당하던 기능을 양쪽 뇌에서 담당하기도 하고, 약해진 부위의 기능을 다른 부위가 맡아주기도 한다. 그저 뇌 안에서만 보완하는 협업 구조가 아니다.

신체의 선택적인 활동이나 훈련이 뇌의 구조를 변화시키고 뇌를 회복시킬 수 있다. 뇌는 스스로 회복한다.

절반의 뇌를 갖고 있던 천재

미셸 맥Michelle Mack은 1973년 11월 9일에 태어났다. 미셸은 태어나기 전, 그러니까 태내에서부터 뇌졸중을 앓았다. 그로 인해 좌뇌에 손상이 생겼고 결국 좌뇌는 퇴화되어 자취가 없어져버렸다. 미셸은 두개골의 절반에만 채워져 있는 뇌를 가지고 태어난 것이다. 당시에는 MRI 스캔이 가능하지 않았던 시절이라 의사들은 미셸의 뇌에 큰 손상이 있다는 것 정도만 알고 있었을 뿐이다.

담당의사는 미셸의 뇌가 열한 살 정도의 두뇌 정도로 발달할 수 있을 뿐, 그 이상으로 자라지는 못할 거라 예측했다. 물론 그 예측도 분명한 근거를 가진 채 예상한 것은 아니었다. 그러니 미셸의 부모에게 아기의 상태에 대해 구체적인 정보를 주지도 못했다. 미셸의 뇌가 앞으로 어떻게 발달할 수 있을지 모르는 상태로 부모는 아기를 데리고 집으로 돌아왔다.

그런데 앞으로 어떻게 될지 전혀 모른다는 이 점이 오히려 부모에게는 행운일 수도 있었다. 미셸의 부모가 희망을 가질 수 있었기 때문이다. 집으로 돌아간 아기 미셸은 체중이 늘지도 않았고 활동적이지도 않았다. 아무런 소리도 내지 않았다. 보통 아기들은 움직이는 물체를 따라 눈을 움직이고 관심을 보이는데 미셸은 움직이는 물체를 따라 눈을 움직이지 않았다.

시간이 지났지만 미셸은 뒤집지도 못했다. 다른 아이들은 7개월이 되면 기어 다니기 시작했으나 미셸은 간신히 앉아 있기만 할 뿐이었다. 두 살이 되어도 아직 기지 못했고 말도 하지 못했다. 그러나 미셸의 부모는 포기하지 않았다. 미셸이 언어에 관심을 보인다는 것을 알아차렸고 또 사람의 말소리에 반응을 보였기 때문이다.

미셸은 음악을 좋아했다. 좋아하는 음악이 나오면 그 음악소리가 나는 쪽으로 관심을 보였고 그 음악이 끝나면 울기 시작했다. 미셸의 부모는 여기에서 가능성을 발견했다. 좋아하는 것이 있다는 점은 뇌가 보상체계를 가지고 있다는 의미이기도 하다.

뇌가 스스로 보상을 줄 수 있으면 학습이 가능한 것이다.

미셸은 차츰 몸을 움직이기 시작했다. 부모는 미셸이 음악소리에 관심을 보이는 것을 알고 그 쪽으로 기어가도록 도와주었다. 음악이 끝나서 우는 미셸이 음반 쪽으로 기어가게 되면 음악을 다시 틀어주는 것으로 발달을 격려하였다. 남들보다 한참 느렸던 미셸은 그렇게 서서히 발달해 나갔다. 어눌하긴 했지만 말을 시작하면서 조금씩 발전하는 모습을 보였다.

마침내 성장할수록 언어 표현이나 어휘력이 정상적인 수준으로 향상되었다. 그녀가 말하는 것을 들으면 좌뇌가 없다는 사실을 믿기 어려울 정도로 정상적인 언어 능력을 보였다. 언어 능력은 보통 좌뇌가 맡아 하는 기능으로 알려져 있지만 오른쪽 신체의 조절도 좌뇌의 영역이다.

하지만 우뇌만 가지고 있는 미셸의 뇌는 좌뇌가 주로 하는 과제들까지 우뇌가 맡아서 처리하기 시작했다. 미셸의 우뇌는 놀라운 유연성을 보여 주면서 일반적으로 좌뇌가 하는 역할까지 다 맡아서 처리하였다.

미셸은 남들보다 비상한 능력도 있었다. 숫자에 대한 기억이 매우 뛰어나 어떤 날짜에 무슨 일이 있었는지 구체적으로 대답하곤 했다. 의사와의 인터뷰에서 특정 날짜에 관해 몇 가지 질문을 던지자 그녀는 몇 년 전의 일들도 마치 어제의 일처럼 주저 없이 대답하였다.

"제가 여기 방문한 것이 언제였는지 기억나나요?"

"2003년 6월 5일 목요일이었어요."

"콜로라도에서 가족 전체 모임을 한 것이 언제였나요?"

"2000년 7월 9일 일요일부터 7월 16일 일요일까지였어요."

미셸의 걸음걸이는 불안정했다. 오른쪽 몸의 조절이 왼쪽만큼 이루어지지 않기 때문이다. 오른쪽 손의 움직임도 완벽하지 않았다. 소리에 너무 민감하며, 새로운 곳에 가면 곧잘 길을 잃어버리기도 했다. 그러나 숫자에 대한 기억이 비상했던 터라 계산 능력 또한 뛰어났고, 이런 능력 때문에 파트타임으로 직업도 갖게 되었다. 미셸은 지금도 자택 근무를 하면서 가족들과 행복하게 살고 있다.

미셸 맥의 기적 같은 이야기는 인간의 뇌가 얼마나 유연한지 전적으로 보여주는 예라고 하겠다. 전쟁에서 총상을 입고 뇌가 손상된 경우나, 뇌졸중이나 사고로 인해 뇌의 일부가 손상된 경우에도, 비록 시간은 오래 걸릴 수 있지만 재활 훈련을 통해 뇌를 회복시킬 수 있다. 미셸의 뇌가 발달한 과정을 의학적으로 관찰하면 손상된 좌뇌에 새로운 신경세포를 만들어 이전에 없어진 뇌를 채운 것이 아니다. 우뇌가 좌뇌의 역할까지 맡아 기능하였기에 가능한 일이었다.

뇌가 융통성 있게 다른 역할도 떠맡는다는 이 원리는 뇌졸중이나 사고로 인한 뇌 손상 이후의 재활에 큰 의미를 던진다.

하지만 또 다른 중요한 역할은 모든 사람에게 적용되는 '노화로 인한 뇌의 변화'를 보완하는 것이다.

뇌의 활동은 보통 비대칭적이다. 언어는 좌뇌가, 공간지각은 우뇌가 담당하는 식으로 나누어서 활동한다. 나이가 들수록 뇌의 신경세포는 그 수가 줄고 시냅스도 줄어든다. 그런데 노년이 되면 전두엽의 활동이 비대칭적이지 않고 특정한 인지 과제를 수행할 때 양쪽 뇌가 모두 사용된다는 연구 결과를 많이 볼 수 있다.

나이가 들면서 뇌의 반응속도가 떨어지고 용량이 부족해지면 한쪽 뇌에서 하던 활동을 양쪽 뇌가 같이 가동되어 기능을 발휘한다. 한 손으로 하기 힘든 일을 양손 모두 사용하면 되는 것처럼, 언어를 사용할 때 보통 좌뇌가 이를 담당하지만 뇌의 효율성이 떨어지면 양쪽 뇌가 활성화된다는 것이다.

우리는 꼭 필요하지 않으면 머리를 다 쓰지 않고 일부만 쓰고 산다. 에너지를 아껴서 효율적으로 쓰기 위해서는 뇌의 일부만 써도 기능할 수 있다면 굳이 뇌를 다 돌릴 필요가 없을 것이다. 그러니 에너지가 한정되어 있는 생명체로서는 뇌의 부위들을 필요할 때만 활동하게 하는 것이 적응적인 기제가 된다. 공장의 일부만 돌려도 물건을 만들 수 있으면 공장의 나머지는 쉬고 있어도 상관이 없을 테니까.

또 다른 예로는 뇌의 일부가 감각기관이나 신체에서 아무런 신호를 받지 못하는 상황이 되면 뇌의 해당 부위는 다른 신체 기관의 신호에 반응한다. 즉 내가 할 일이 없어지면 옆 사람 일까지 도와주는 구조가 되는 것이다. 사고로 팔이나 다리가 절단된 환자의 경우, 대뇌에서 절단된 팔다리에 해당하는 몸 감각 부위가 다른 신체에서 인풋을 받는 것으로 재구성되는 것이 이런 경우다.

인지과학 연구자들은 뇌의 구조와 기능에 대해 늘 관심을 갖고 있으며 자신의 뇌에도 당연히 관심이 많다. 뇌 영상을 찍는 방법이 인지과학의 기본적인 방법론으로 자리매김한 것은 1990년대 중반부터였다. 미국에서 대학원을 다니던 시절에 동료들은 얼굴 사진 대신에 자신의 뇌 영상 사진을 페이스북 프로필 사진으로 쓸 만큼 새로운 방법론에 즐거워했다.

그런데 최근 뇌 영상을 다시 찍은 동료들은 이전의 영상과 현재의 영상을 비교해 보며 크게 당황해 한다. 전체적인 뇌의 부피도 줄어 있고, 비어 보이는 공간도 많아져 전체적인 손실이 눈에 띄게 확인된다는 것이다. 한 동료가 농담처럼 말했다.

"이렇게 뇌가 비어 가는데도 나는 여전히 정상적으로 기능하고 살고 있잖아. 나는 이것이 더 놀라워."

뇌는 고정되어 있지 않다

뇌는 스스로 보완한다. 보완하는 뇌는 그만큼 노력을 기울이고 있다는 뜻이다. 놀고 있던 다른 부분도 같이 일을 하게 된다면 그 중 하나를 선택하는 것이 필요하다. 기계를 반만 가동해도 상품 제작이 가능했던 공장이 낙후된 부분을 보완하기 위하여 전 기계를 다 돌리게 된다면 어떻게 될까? 공장 전체를 무리하게 가동해서 여러 문제를 일으키기보다는, 차라리 몇 가지 주력상품만 선택하여 최선을 다해 제조하고 나머지는 포기하는 것이 더 좋은 전략이 될 수도 있다.

모든 활동을 최대로 많이 하는 것만이 최선은 아니다. 뇌는 스스로 회복하지만 그 과정은 시간이 걸리고 노력이 필요하다. 또한 뇌가 회복된다는 것은 손상되기 전의 상태로 돌아가는 것이 아니라 변화를 통해 그 상태에서 최선의 길을 찾는 것이다. 선택하고 보완하고 최적화하는 것이 뇌의 기제이며, 우리는 뇌의 이런 현명한 변화를 받아들일 때 삶의 질을 높일 수 있다.

발달에는 '결정적 시기'가 있다고들 많이 이야기한다. 공간지각 발달은 유아기에 이루어져야 하고 언어발달은 8세 전에 이루어져야 한다는 등의 결정적 시기에 대한 얘기가 많이 나온다. 우리 일상생활에서도 공부에는 때가 있다, 배움에는 때가 있다 하는 소리를 많이 듣는다. 실제로 나이가 들어 외국어 공부를 하면 원어민처럼 유창해지기가 쉽지 않다.

그렇지만 이런 결정적 시기도 유연하게 바라봐야 한다. '결정적 시기 가설'이라는 것이 있다. 언어 학습에는 결정적 시기가 있다는 언어학 및 심리학의 가설인데, 결정적 시기가 지나면 제1의 언어를 완전히 습득하기 어려우며, 이러한 이유에서 제2의 언어도 원어민만큼 유창하게 할 수 없는 요인으로 작용하게 된다는 것이다. 언어의 결정적 시기 가설은 갓 태어난 아기를 tabula rasa('깨끗한 석판'이라는 의미의 라틴어)로 표현하는 경험론적 시각에 문제를 제기한 것이다.

뇌의 시각 피질은 마치 서랍장에 옷을 잘 정리해놓은 것처럼 시각정보를 정리한다. 서랍장에 한 칸은 양말, 다른 칸은 속옷, 또 다른 칸은 셔츠를 꼼꼼하게 정리해놓은 것을 떠올려보자. 대뇌 시각 피질에는 오른쪽으로 기울어진 사선, 왼쪽으로 기울어진 사선을 나누어서 처리한다. 심지어 강박증이 있는 사람이 깨끗하게 정리해놓은 옷장처럼 30도 오른쪽, 45도 오른쪽, 60도 오른쪽 사선을 처리하는 신경세포들이 순서대로 잘 정리되어 있다.

시지각 발달에 대하여 많이 알려진 연구로 데이비드 허블 David Hubel과 토르스텐 비셀Torsten Wiesel의 고양이 실험이 있다. 허블과 비셀의 실험은 고양이가 어릴 때 어떤 환경을 경험하느냐에 따라 달라진다는 것을 보여주었다.[13] 고양이가 세로줄만 있는 환경에서 자라면 가로줄을 지각하는 신경세포가 발달하지 못하여 가로줄을 지각할 수가 없게 된다. 한쪽 눈을 가리고 자란 고양이의 경우, 가린 눈 쪽에 해당하는 시각 피질에는 이런 정리 구조가 생기지 않았다. 그 대신에 다른 쪽 눈의 시각 피질이 뇌에서 더 넓은 자리를 차지하였다.

흔히 오해하고 있는 바, 뇌의 신경세포들이 새로 생기는 것은 발달과정이고 줄어드는 과정은 퇴화라고 생각한다. 하지만 뇌의 기능은 신경세포의 숫자가 아니라 시냅스라고 부르는 연결로써 평가할 수 있다. 뇌세포의 숫자는 2~3세 이전에 정점을 찍지만 그렇다고 두세 살 나이의 인지 능력이 인생의 최고라고 생각하는 사람은 아마 없을 것이다. 뇌세포의 연결을 말하는 시냅스도 그 밀도만으로 기능의 좋고 나쁨을 따질 수 없다.

뇌는 유아기 때 일단 신경세포와 시냅스를 마구 만들어내고, 이어 청소년기에는 가지치기가 한창 이루어진다. 전 생애에 걸쳐서 신경세포는 새로 만들어지기도 하고 시냅스도 새로 형성된다. 단지 유아기만큼 급속도로 만들어지지 않을 뿐이다.

결정적 시기는 그런 마구잡이식의 발달을 조절하는 시기이다. 감각기관의 발달이 경험에 의존한다는 것을 보여주는 연구 사례를 여러 개 찾아볼 수 있다. 시각구조가 경험에 따라 유연하게 발달하는 시기를 결정하는 것은 억제적 역할을 하는 연합신경세포interneuron 덕분이다. 연합신경세포는 감마-아미노부티

르산gamma-aminobutyric acid(GABA로 잘 알려짐)이라는 신경물질을 배출하여 신경세포의 활동을 억제한다.

뇌는 여러 종류의 연합신경세포를 포함하고 있는데 그중 '바구니세포basket cell'는 시각 발달의 유연성을 담당한다. 연합신경세포의 한 종류인 바구니세포는 신경세포의 가소성plasticity에 브레이크를 걸어, 우리가 세상을 표상하는 것이 가장 정확해질 즈음 더 이상 새로운 회로를 만들지 않고 이미 존재하는 회로를 강화하여 안정적인 표상을 만든다. 다시 말하면, 발달의 결정적 시기는 뇌가 충분히 환경을 안정적으로 이해할 때 더 이상 바꾸지 않고 유지하는 역할을 하는 때이다.[14]

노화가 진행되면서 대부분의 사람들은 주의, 학습, 기억, 집행능력 등의 저하를 경험한다. 그러나 다른 종류의 인지 과제들, 즉 어떤 현상을 파악하거나 그림을 기억하는 것, 감정을 조절하는 능력들은 오히려 향상되는 경향이 있다.

뇌는 고정된 것이 아니다. 뇌는 전 생애에 걸쳐서 구조적인 변화를 경험한다. 그러나 뇌가 전 생애에 걸쳐서 변화한다는 사실을 오직 긍정적으로만 해석하여, 가령 모든 질병이 낫거나 기적을 일으킬 만한 무한의 가능성이 있는 기관으로만 생각하는 것도 옳지 않다. 어떤 사람들의 경우, 특정한 경험으로 인해 뇌의 보상체계가 변하면 이는 자칫 중독의 문제로까지 확대될 수 있기 때문이다.

특히 청소년기에 정점을 이루는 뇌의 유연성 덕분에 청소년들에게 유독 중독 현상과 정신질환이 많다는 사실도 간과해서는 안 된다. 청소년기에 활성화되는 뇌의 가지치기 현상이 자칫 비정상적으로 이루어지게 되면 조현증의 가능성이 커진다는 점도 같은 맥락으로 봐야 한다.

뇌졸중으로 우뇌가 손상되면 왼쪽 몸을 쓰지 못하는 경우가 있다. 손상되는 것은 뇌인데 왜 몸을 쓰지 못할까? "당연하지. 뇌가 몸을 움직이라는 명령을 내리는 기관인데"라고 말할지 모른다.

그렇지만 뇌졸중으로 팔다리의 움직임이 마비되었을 때는 재활을 어떻게 해야 하는가? 끊임없이 반복해서 몸을 움직이는 훈련을 통해 재활이 이루어진다. 뇌가 다쳐서 팔다리를 못 쓰게 되지만, 반대로 팔다리를 움직여서 뇌를 회복시키기도 하는 것이다.

뇌는 경험에 의해서 계속 변한다. 그리고 뇌의 구조와 기능은 신경세포들의 연결에 의해 결정된다. 신경세포들의 연결은 고정된 것이 아니라 우리의 경험에 의해서 계속 변한다. 고정된 것처럼 보이는 이유는 우리의 생활 속 행동과 언어와 생각이 똑같은 패턴과 순서로 반복되기 때문이다.

학습,
뇌라는 숲에 남기는 발자취

서글픈 쇼팽의 기억

미국의 한 커뮤니티칼리지에서 피아노를 배운 적이 있었다. 일주일에 한 번 한 시간씩 레슨을 받았던 2학점짜리 수업이었다. 그때 내게 피아노를 가르치던 리온 화이트셀 교수님은 예일대학교 음악교육 박사학위 소지자였고 과거에 카네기홀에서 연주했을 정도로 수준 높은 피아니스트였다. 근처의 사립대학에서 교수로 재직하다가 은퇴한 후 작은 커뮤니티칼리지에서 피아노를 지도하고 있었다.

화이트셀 교수님은 피아노를 칠 때 처음부터 틀리지 않게 연주해야 한다는 교육관을 가지고 있었다. 틀리게 치면 손가락이 틀린 움직임을 학습하게 된다는 것이다. 레슨을 받으러 가면 일단 교수님이 직접 (틀리지 않고) 치는 연주를 들었고 이론적인 설명을 들었다.

하지만 아무리 실력 있는 교수님의 연주를 듣고 이론을 배워도 처음부터 틀리지 않고 피아노를 친다는 것은 불가능했다. 처음 곡을 배울 때 초견으로 연주곡을 칠 실력은 당연히 안 됐던 나에게 교수님은 악보를 가리키며 다음 시간에 이 부분까지 연습해오라는 과제를 내 주셨다.

레슨 시간에 나는 두 대의 피아노가 있는 레슨실의 학생용 피아노 앞에 앉아서 연습해온 부분을 연주하기 시작했다. 화이트셀 교수님은 내가 피아노를 칠 때에 내 옆에 앉지도 않고 그렇다고 내가 치는 손의 움직임을 보지도 않았다. 악보들이 산더미처럼 쌓여 있는 책상과 캐비닛 앞에 서서 다른 곳을 보고 있거나 이미 사용한 연습지 등을 마구 구겨댔다. 종이 구기는 소리를 유난히 크게 내기도 하고 다른 악보들을 휙휙 요란한 소리를 내며 넘기기도 했다.

화이트셀 교수님은 그렇게 다른 소음을 일부러 내서 피아노 소리를 듣지 않으려고 노력한다. 한마디로 너무 못 치는 피아노 연주 소리를 참을 수가 없는 것이다. 특히 많이 틀릴 것 같은 어려운 곡의 경우는 몇 차례의 레슨이 진행되는 동안 내내 교수님만 계속해서 연주하고 나는 한 소절도 치지 못하게 했다. 내가 연주하는 피아노 소리 중에 그나마 참아내는 곡은 행진곡같이 씩씩하게 치기만 하면 되는 곡들뿐이었다.

아름다운 연주는 고사하고 틀리지 않게만 치는 것도 쩔쩔 매는 나였기에, 몇 달 내내 한 곡만 연습하여 학과의 작은 리사이틀에서 연주하는 것도 너무나 큰 도전이었다. 전공을 하는 것도 아니고 직장생활을 하면서 취미로 배우는 피아노에 이렇게까지 스트레스를 줄 필요가 있을까 생각했지만, 음악적 기대가 워낙 높은 교수님께 지도를 받는다는 것 때문에 불평을 할 수도 없었다.

언젠가 쇼팽의 〈에튀드〉 Op.10-3을 배우던 때의 일이다. 이별의 곡으로 널리 알려진 이 곡은 영화나 드라마에도 많이 등장하여 귀에 익숙한 피아노곡이다. 이 곡의 전반부는 애잔한 멜로디가 감미로운 노래처럼 흐르지만 중간의 카덴차 부분에서는 많은 기교가 필요한 곡이다. 1832년에 작곡된 이 곡을 쓰고 쇼팽은 스스로 "이토록 감미로운 멜로디는 내 생애 처음이다"라는 말을 남겼을 정도로 아름다운 선율과 화음을 가진 곡이다.

그런 이 곡을 한 학기 내내 연습했으나 교수님은 학과 리사이틀에서 이 곡을 연주하는 것을 허락할 수 없다고 했다. 그런데 사실 말이 리사이틀이지, 실제론 초등학생부터 할머니까지 취미로 피아노를 배우는 학생들이 아주 기초적인 수준 정도로 연주하는 기말과제 같은 행사였다. 그 어려운 곡을 기껏 다 외웠는데 갑자기 연주를 하지 말라고 하는 것이 너무 속상하여 다시 여쭈어 보았다.

"그래도 제가 열심히 했는데 연주하면 안 될까요?"

그러자 화이트셀 교수님의 대답이 잊히지 않는다.

"학생은 옷을 열심히 만들었는데 등이 없는 옷을 만들면 그걸 입고 다니겠어요?"

교수님의 말에 나도 지지 않고 논리적으로 반박했다.

"제가 그 옷을 입고 밖에 다니지는 않겠지만, 옷 만드는 수업을 함께 받은 학생들과 발표회를 하는 자리에는 입을 수 있지 않을까요?"

화이트셀 교수님은 자기와 교육관이 맞지 않는 나를 더 이상 가르칠 수 없다고 선언했고 피아노 레슨은 그것으로 마지막이 되었다. 저녁 때 나에게 전화를 건 교수님은 자기가 그렇게 심하게 말한 건 미안하다고 하면서, 연주를 하고 싶으면 하라는 말도 덧붙였다. 나도 고집을 꺾지 않고 결국은 그 곡을 연주했으며, 이후 그 교수님은 다시는 나를 가르치지 않았다.

심리학에서 널리 알려져 있는 학습이론 중에 '1만 시간 규칙'이란 것이 있다. 어떤 분야에서 전문가가 되려면 1만 시간의 연습이 필요하다고 한다. 처음부터 천재로 태어나는 것이 아니라 꾸준한 연습을 통해야만 그 분야에서 숙달된 전문가가 된다는 것이다.

이 이론의 초기 연구에서는 연습량에 따라 선형적으로 실력 차이가 나는 바이올리니스트나 체스 플레이어들의 결과를 보여 주었다. 1만 시간 규칙 이론에서 중요한 점은 재능보다 노력이 숙련도를 결정한다는 점이다. 물론 타고난 재능도 학습에 영향을 줄 것이다. 그러나 음악적 재능을 타고났다고 해서 하루에도 몇 시간씩 연습하지 않으면 실력 있는 연주자가 될 수 없다.

심리학자 앤절라 더크워스Angela Duckworth는 《그릿GRIT》이라는 책에서 재능보다 노력과 끈기가 인생에서 성패를 가른다고 주장한다.[15] 유기체인 사람의 신체와 뇌에서 일어나는 학습은 이미 정해진 정보를 입력하는 것과는 다르다. 1만 시간의 연습이라는 것은 뇌에서 새로운 정보를 입력하는 것이 학습이 아님을 보여준다.

우리 사회의 교육은 정답을 준비시키는 데 집중한다. 최근 인공지능의 발달은 사람과 기계를 비교하게 만들고, 인공지능이 사람의 지능을 넘어설 수도 있다는 특이점에 대한 논란, 그리고 기계의 본질과 인공지능의 미래에 대한 의문을 만들고 있다. 그러나 심리학자들이 지적하고 있는 문제는 기계가 사람과 비슷해지고 있는 것이 아니라 사람이 기계와 비슷해지려 한다는 것이다.

알게 모르게 이루어지는 학습

지능의 가장 큰 역할은 학습이다. 학습하는 과정에는 학습곡선이 존재한다. 그러나 학습하는 과정 그 자체를 실패의 연속이라고 보는 관점은 문제가 된다. 다른 사람보다 더 빨리 학습하는 사람도 있지만 반대로 천천히 학습하는 사람이 있듯이 개인에 따라 학습곡선의 기울기는 달라질 수 있기 때문이다.

학습은 처음부터 정확한 답을 맞히는 것이 아니라 변화를 유도하는 일이다. 학습의 본질은 행동의 변화를 만드는 내적 과정이다. 모르는 것을 알게 되고 피아노를 못 치던 사람이 연주할 수 있게 변하는 것이 학습인 것이다. 이런 학습은 기계와 사람을 구별한다. 기계는 열심히 노력할 필요도 없으며, 실패를 통해 의미를 배우지도 않는다.

심리학자들의 학습 연구에서 많이 알려진 '시험 효과'라는 것이 있다. 입력한 내용을 반복해서 공부하고 암기하려고 되풀이하는 것보다 더욱 학습에 효과적인 것이 바로 시험 보는 일이라는 얘기다. 시험을 본다는 것은 배운 것, 또는 암기한 것을 끌어내는 과정이 들어간다.

우리의 정보처리 과정에서 입력하는 것과 배운 것을 끌어내는 과정에서 서로 다른 뇌의 경로들, 즉 다른 연결망을 강화하게 된다. 다르게 표현하면, 우리가 공부를 하는 것은 배운 것을 끌어내서 쓰려는 것이지 머릿속에 계속 쌓아두기만 하려는 것은 아니라는 말이다.

이런 시험 효과는 학습이 단순히 정보를 저장하는 과정이 아니라는 것을 말해준다. 반대로 정답이 그냥 주어진 경우보다 시험을 치르며 정답을 생성하려는 노력을 기울일 때 학습이 더 증대된다고 한다. 이러한 이유로 학습이론에서는 '시험 효과'를 '창출 효과'라고도 부른다.

학습이론 중에 다양한 과제를 섞어서 배우는 것이 더 효과적이라는 이론도 있다. 예를 들어 야구 타격 연습을 할 때 직구를 치는 것을 계속 연습하고, 그 다음에 커브볼, 그 다음에 패스트볼, 체인지업 등 한 가지씩 연습하는 것보다 여러 가지 볼을 섞어서 연습하는 것이 더 효과적이라는 것이다. 비슷한 예로 테니스를 연습할 때 포핸드, 백핸드, 발리, 스매싱, 서브를 모두 각각 따로 연습하는 것보다 몇 가지를 섞어서 연습하는 것이 실제로 경기를 할 때에 더 좋은 결과를 낸다고 한다.

이렇게 다른 학습 내용이 섞여 있을 때 학습 효과가 늘어나는 것을 간섭효과라고 부른다. 이런 간섭효과가 나타나는 이유는 왜일까? 과제 간의 차이가 각각의 과제를 더욱 두드러지게 하여 집중할 수 있다는 점, 그리고 노력을 기울이게 되어서 학습에 도움이 된다는 점을 들 수 있다.

특이한 점은 학습자에게 어떤 방법이 더 배우는 데 효과적인 것 같냐고 물어보면 한 가지씩 구별해서 연습하는 것이 더 잘 배워지는 것 같다고 답한다. 그러나 실제로 수행한 결과를 보면 학습자가 대답했던 구별식 연습 방법이 아닌, 섞어가면서 연습하는 방법일 때 더 좋은 결과가 나왔다.

사람들은 노력을 기울이지 않았을 때 학습에 대한 확신이 더 높아진다. 자신이 학습을 잘 했는지 그 근거가 불분명할 때, 자신의 노력에 대한 느낌을 그 과제에 대한 성공이나 실패의 느낌으로 오해하는 경향이 있기 때문이다. 그러나 노력을 기울이지 않고 배웠다고 해서 더 학습을 잘 한 것은 아니다.

사람들은 활자가 선명하지 않은 텍스트를 읽을 때가 활자가 선명한 텍스트를 읽을 때보다 학습의 양에는 차이가 없으나 덜 학습한 것으로 잘못 생각하는 경향이 있다. 실제로는 열심히 제대로 공부했어도 어려운 과정을 통해 정답을 찾아가게 되면 왠지 제대로 학습하지 못했다고 생각하기도 한다. 특히 어렵게 노력을 기울여서 정답을 찾아내려 했을 때 더 오랫동안 학습한 내용을 기억하며 이를 '바람직한 어려움'이라고 부르기도 한다.

학습은 뇌의 연결을 바꾸는 것이기 때문에 노력이 필요하다. 뇌의 구조와 기능은 신경세포들의 연결에 의해 결정된다고 할 수 있다. 신경세포들의 연결은 고정된 것이 아니라 우리의 경험에 의해서 계속 변한다. 한 번 입력하면 그대로 저장되어 있는 컴퓨터와 사람의 뇌는 엄연히 다르다.

뇌가 고정되어 있다는 생각, 뇌는 정해진 영역에서 정해진 활동만을 한다는 가정은 오랫동안 우리 생각과 사회를 결정해 왔다. 뇌를 컴퓨터로 비유하는 기계적 사고의 전통도 이런 생각을 더 굳혀왔다. 기계는 그 부품마다 정해져 있는 기능이 있으며 이는 변화하지 않는다. 하지만 사람이 하는 학습에는 과정이 있는데 우리는 배우고 있는 도중이라도 수시로 학습에 실패했다며 좌절하곤 한다.

풍성한 환경과 새로운 학습은 뇌의 연결을 최적화한다. 피아노를 치는 것도 뇌의 구조를 바꾸는 과정이기 때문에 하루아침에 당연히 이루어지지 않는다. 학습은 쉽게 이루어질 수 없으며 노력이 필수로 동반되어야 한다. 그렇게 포기하지 않아야만 발전할 수 있다. 어렵다는 느낌을 굳이 피하지는 말자. 새로운 것을 배우는 과정은 뇌를 성장하게 만든다. 그것이 곧 우리 삶의 본질이 된다.

아름다운 환경이
창조력을 만든다

일상 속 디자인의 힘

보통 회사의 사무실을 생각하면 획일적인 책상과 칸막이로 구성된 지루한 공간을 연상한다. 그러나 삭막한 회색의 업무 환경을 당연한 것처럼 생각하던 사무실 이미지는 점차 바뀌고 있다. 1998년 두 명의 스탠퍼드대 박사과정 학생이 만든 구글은 창사 초기부터 일하러 가는 것이 즐거워야 한다는 철학을 가지고 시작되었다. 이 철학은 곧바로 회사의 환경에서부터 차별화되어 다른 직장들과 큰 차이를 보여주었다.

구글의 오피스 인테리어는 회사에 일하러 간 것이 아니라 놀러 간 것 같다는 생각이 들 만큼 다채로운 색상과 상상을 뛰어넘는 자유로운 환경으로 유명하다. 구글의 인테리어를 보면 가장 먼저 눈에 띄는 것이 디즈니랜드나 레고 랜드에 온 것 같은 선명하고 다채로운 색의 향연이다. 전화부스나 캠핑카 같은 장난스러운 인테리어들과 마치 테마 파크에 온 듯한 미끄럼틀 형태의 가구들은 건물 안에 방문한 것만으로도 즐겁게 만든다.

자유로움을 모토로 하고 소통을 중시하는 회사답게 구글 본사는 막힌 공간 없이 탁 트인 디자인을 가지고 있다. 구글의 인테리어는 단지 회사의 모토인 자유로움을 위한 것만은 아니다. IT 회사의 생명은 다양한 아이디어와 창의력이다. 책상에 앉아서 장시간 근무한다고 해서 좋은 아이디어가 나오는 것도 아니고, 시키는 일을 열심히 한다고 해서 변화무쌍한 업계에서 살아남는 것도 아니다.

한국의 큰 기업체에서 중견간부로 일하는 친구가 언젠가 들려준 이야기가 있다. 친구의 말로는 신입사원들이 새로운 아이디어를 만들어내는 능력이 부족하다고 평가하면서, 기업체에서 흔히 드는 예화를 설명해 주었다. 콘크리트 벽에 구멍을 내는 업무가 주어졌는데, 명문대학 출신의 한 신입사원은 콘크리트 벽에 구멍을 뚫는 것이 불가능하다는 것을 증명하는 자료를 산더미처럼 준비해 온다는 것이다. 한 마디로 시간을 써서 해야 할 과제에 전혀 도움이 되지 않는 일을 해놓는 경우가 많다는 것이다.

중요한 것은 주어진 업무에서 창의적으로 문제를 해결하는 능력이다. 그러나 한국의 교육은 아직까지 새로운 시도보다는 안전하게 일을 하는 방향으로 구성되어 있다. 교육 시스템뿐 아니라 우리의 환경도 창의적인 생각을 북돋울 수 있도록 디자인하는 것이 필요하다.

사람은 자기가 자라온 배경에 의해 영향을 받아오지만 이에 못지않게 지금 현재의 상황에 의해서도 영향을 받는다. 구글의 사무실은 로고에 쓰이는 색상을 바탕으로 선명한 디자인 요소들을 가지고 있다. 이런 디자인은 창의적인 업무를 증진시키고 아이디어 발상에 이바지하기 위한 목적도 있다.

선명한 색상 자체가 창의적인 아이디어를 낸다는 것이 아니라 정형화된 오피스와 획일화된 회사의 구조에서 탈피한다는 것이 무엇보다 큰 의미를 갖는다.

환경을 예쁘고 재미있게 디자인하는 것은 긍정적인 정서를 만들 수 있다.《이모셔널 디자인Emotional design》이라는 책에서 도널드 노먼Donald Norman 교수는 첫 장의 제목을 이렇게 시작한다.

'예쁜 물건이 성능도 좋다.'

상식적으로 생각하면 예쁘다고 성능이 좋을 리는 없다. 그러나 사용자가 예쁜 물건을 사용하면서 느끼는 즐거움과 기쁨은 무시할 수 없을 정도로 크다. 사용자의 긍정적인 정서는 제품의 사용성을 높일 수 있다. 심미적으로 즐거움을 주는 것이 실제로 사용자가 작업을 더 잘 할 수 있게 해준다는 것이다.

마음에 드는 디자인의 테니스 라켓을 사면 기분이 좋아져서 경기가 더 잘 풀리는 것 같다. 가격이 비싼데도 굳이 애플사의 제품을 선택하는 소비자들이 많은데 그들 중 많은 사람들이 멋진 디자인 때문이라고 응답한다. 멋진 디자인의 제품은 사용자에게 만족감을 주고, 그런 사용자의 긍정적 정서가 해당 제품을 이용하여 더 좋은 결과를 내놓게 한다.

심리학 연구들은 정서상태가 인지과정에 영향에 미친다는 것을 많이 보여준다. 일상생활에서도 기분이 좋을 때는 일도 술술 잘 풀리지만 스트레스를 받고 있을 때는 하는 일마다 더 문제가 생기는 것 같고 실수도 많아진다.

실제로 정서적 상태는 인지적으로 영향을 미친다. 불안하거나 걱정이 많은 부정적인 정서 상태에서 우리의 뇌는 주의를 좁혀서 일한다. 가령 중요한 시험이 바로 코앞에 닥쳤을 때 다른 일은 생각도 나지 않고 오로지 시험만 생각하게 된다. 이런 과정은 집중해서 문제를 해결하는 데 사실 더 도움이 되기도 한다. 이런 상태에서 우리는 전체보다는 부분에 더 집중하게 된다.

부정적인 정서는 생명체가 살아남는 데 중요한 역할을 한다. 예를 들어 눈앞에 무서움이 닥쳤을 때 교감신경계는 도망칠 수 있도록 신체를 준비시킨다. 뛰어 나가기 좋도록 심장박동이 빨라지고 폐활량이 늘어난다. 화가 날 때는 공격하기 좋은 상태로 신체를 준비시킨다. 위험을 발견하면 뇌는 본능적으로 정서적 구조의 근육을 수축해서 뛸 수 있는 상태를 만들고, 뇌의 신경 물질들은 지금 하는 일에 집중하도록 해준다. 지금 당장 눈앞에 위험한 일이 있으면 거기에 집중하고 다른 일들에 신경을 쓰지 않는 것이 좋은 전략이다.

예쁜 환경이 창의력을 만든다

정서적으로 긍정적인 상황에서는 반대의 일이 일어난다. 주의의 폭이 넓어지고 근육은 이완된다. 뇌는 현재의 긍정적인 상황이 줄 수 있는 기회를 적극 활용한다. 주의의 폭이 넓어진다는 것은 지금 하고 있는 한 가지 일에만 집중하게 만든다는 말이 아니다. 오히려 방해가 되는 다른 일이 생기면 그것에도 관심을 두면서 또 다른 새로운 일이나 아이디어까지 떠오르도록 한다.

긍정적인 정서는 호기심을 일으키고, 하고 있던 작업도 창의적으로 행할 수 있게 북돋아준다. 그런 의미에서 긍정적인 정서는 새로운 것을 학습하기에 적절한 상태를 만든다. 긍정적인 정서와 부정적인 정서는 숲을 보는가 나무를 보는가의 차이를 만든다. 그러나 긍정 정서에서 주의의 폭이 넓어진다는 것은 단지 공간적인 주의의 폭을 말하는 것이 아니다. 언어를 사용할 때 긍정적인 정서에서는 더 많은 연관 단어를 찾을 수 있고 생각의 폭이 넓어지는 경향이 있다.

　이런 정서적인 차이는 산업 디자인에 그대로 적용된다. 새로 구입한 자동차의 스타일이 너무나도 멋지다면 그 차를 운전하는 것 자체가 즐거울 것이다. 설령 계기판에 작은 오류가 보인다 하더라도 이런 멋진 차를 가진 기분 때문인지 용서할 수 있다. 그러나 차 내부의 환경이 쾌적하지 않으면 차를 타는 것만으로도 기분이 나빠질 수 있다. 거기에 더해 차에 오류까지 있다면 그 오류는 결코 무시하고 넘어갈 수가 없다.

　불안하고 스트레스 받는 상황에서는 작은 오류도 더 커 보이는 법이다. 특히 어느 부분에 집중하게 되어서 전체적으로 일을 잘 수행하고 있지만 그 부분적인 문제 하나가 유독 도드라져 보이게 된다. 즉 제품을 사용하는 것이 사용자에게 즐겁다면 작은 오류 정도는 넘어갈 수 있는 것이다.

　정서가 생각의 폭에 영향을 미치는 일은, 구체적인 부분에 집중하도록 만들거나, 혹은 넓은 시각으로 창의적인 활동을 할 수 있도록 만든다. 이런 특징은 제품을 디자인하는 과정에도 그대로 적용될 수 있다.

　IT 업계를 포함하여 많은 업계에서는 새로운 시스템이나 콘텐츠를 디자인하고 문제를 해결하는 업무가 필수적으로 들어 있다. 이러한 과정은 창의적인 사고를 통하여 새로운 아이디어를 내는 일도 있지만, 일단 본격적으로 업무가 진행되면 맡겨진 과제에 집중해야 하는 시간도 필요하다. 회사 업무에는 항상 마감시간이 있고, 경생사가 있으며, 압박이 있기 마련이므로 일단 과제를 시작하면 스트레스는 불가피하다.

좋은 디자인과 제품이 만들어질 수 있도록 회사 측에서는 그에 맞는 환경을 만들어주어야 한다. 자유롭게 아이디어를 내고 창의적인 사고를 할 수 있는 긍정적이고 즐거운 환경이 꼭 필요한 이유다.

긍정적인 정서가 창의적인 사고를 만든다는 또 다른 연구는 사회심리학자 바바라 프레드릭슨Barbara Fredrickson 교수의 '확장과 수립이론Broaden and Build Theory'에서 만날 수 있다. 이 이론은 긍정적인 감정이 사고와 행동의 레퍼토리를 넓히고 다양성을 허락하여 장기적으로 자원을 구축할 수 있다는 이론이다.[16]

정서 상태는 행동 경향성과 관련하여 기능적인 역할을 한다. 많은 경우 부정적인 정서는 특정한 행동 경향과 관련이 있다. 예를 들어, 우리는 화가 났을 때 공격적으로 앞으로 나아가 행동하지만 두려움이 있으면 뒤로 물러난다.

반대로 긍정적인 정서는 부정적 정서와는 달리 특정 행동 경향과 관련이 없다. 대신에 긍정적인 정서는 인지 범위를 넓히고 유연한 행동으로 나서게 하는 경향을 갖는다.

행복할 때 꼭 뛰어다녀야 하는 것도 아니고, 자랑스러울 때 꼭 앞으로 나서야 하는 것도 아니다. 긍정적인 정서 상태는 결코 위급하게 행동해야 할 상황이 아니다. 그때엔 오히려 주변을 넓게 바라보고, 사람들과 함께 모여 네트워크를 만들거나 다양한 활동을 할 수 있는 상태이다. 그래야만 나중에 위기가 닥쳤을 때 대처할 수 있는 자원을 미리 모아놓을 수 있다.

아름다운 환경을 경험한다는 것은 세상을 이해하는 것이다. 기본적으로는 접근과 회피의 움직임의 경향성을 동반한 감각적 경험이라고 말할 수 있겠다. 아름다움에 대한 정서적 평가는 자동적이고 무의식적인 내적 활동이다.

뇌는 환경에 반응하여 변화하고, 아름다운 환경은 긍정적인 정서를 만들 수 있다. 아름다운 미술작품을 감상하거나 좋아하는 음악을 듣는 것은 감각적인 반응에 이어서 정서적인 반응까지 따라오게 한다. 긍정적인 정서는 유연한 사고를 할 수 있게 하고 창의적으로 문제를 해결하도록 돕는다.

구글 사무실의 또 하나 눈에 띄는 인테리어는 휴식을 위한 라운지와 게임 공간이다. 탁 트인 전망을 가진 휴식 공간은 영화를 감상할 수 있는 시스템, 그리고 서점을 연상시키는 다양한 책들을 갖춘 공간으로 꾸며져 있다. 무엇보다 구글은 회사 내에서 롤러하키를 즐길 수 있는 것만으로도 다른 회사 직원들의 부러움을 사곤 했다.

회사에 가서 정해진 자리에 앉아 하루 종일 일하는 톱니바퀴와 같은 생활을 반복한다면 결코 생산성을 높일 수 없다. 과거처럼 사람의 노동력이 제조업의 단순 작업으로 집중되어 있던 시절에는 장시간 쉬지 않고 일하는 것이 생산성을 높였을지도 모른다. 그러나 4차 산업혁명이라는 단어로 집약되는 혁신적이고 융합적이고 초연결적인 현재 사회에서는 과거의 생산성을 적용하는 것이 적합지 않다.

변화에 적응할 수 있고 유연하게 사고할 줄 알며, 무엇보다 부분에 집중하는 것이 아닌 융합적인 혁신이 필요한 때이다. 창의적이고 넓은 사고의 틀을 가진 사람과 그런 기업을 필요로 하는 시대인 것이다.

창조적인 작업에는 휴식의 역할도 중요하다. 인지심리학 분야에서 판단과 문제 해결에 관한 연구들이 많이 있는데, 통찰을 필요로 하는 문제는 단계적 분석으로는 해결이 어렵다는 것을 여러 연구가 증명하고 있다. 오히려 쉬지 않고 계속 작업하는 것은 문제 해결에 방해가 된다.

지금 가지고 있는 생각의 틀을 깨는 것이 중요한데, 새로운 방향으로 생각을 전환하기 위해서는 계속 일하는 것보다 휴식을 즐기는 것이 더욱 효과적이다. 그렇기 때문에 사무실의 휴식 공간 디자인은 업무를 보는 공간의 디자인만큼이나 중요하다.

사람은 환경에 의해서 많은 영향을 받는다. 의식적으로 생각하지 못하더라도 환경은 우리의 정서 상태를 변화시키고 심지어 의사결정에 영향을 미친다. 실내 환경을 아름답게 가꾸고 정리하는 것, 녹색식물을 들여놓거나 휴식공간을 예쁘게 디자인하는 일 등은 모두 창의적인 사고를 위한 투자이므로 결코 간과해서는 안 된다.

덧붙이는 글

서로를 부르는 뇌

상호작용이 멈춰진 '사회적 거리두기' 세상에서

미국의 대학에서 인지심리학 수업의 조교를 맡아주던 조라는 학생이 있었다. 그는 의대를 가고 싶어 했지만 온 가족이 변호사로 일하고 있어서인지 자신도 법대를 가야 할 것 같다며 준비를 하던 중이었다. 그런 조가 어느 날 나를 찾아와 상담을 원했다. 조에게는 결혼하여 두 아이를 키우는 친누나가 있는데, 어느 날부터인가 누나의 남편인 매형이 이상해졌다는 것이다.

그 매형은 예전에 교통사고를 겪고 나서 한동안 병원 생활을 했지만 이후 잘 회복되어 일상생활로 돌아갔다고 한다. 교통사고 때 어딘가 충격이 있었던 것 같았지만 무난하게 회복되었던 것이다. 변호사로서 로펌에서 일하고 있던 매형은 직장도 별 문제 없이 다시 다니기 시작했고, 몸 움직임도 정상처럼 보였다.

그런데 한 가지 문제가 생겼다. 어느 때부턴가 매형이 말하길, 두 자녀와 아내가 진짜 자기 가족이 아니라는 것이다. 어떨 때 스스로를 가리켜 자기 자신이 아니라고 말하기도 했다. 교통사고 이후에 매형이 뭔가 이상해진 것 같긴 한데 직장에서 정상적으로 일하고 있기 때문에 병원에서는 뇌손상이라고 진단하지는 않는다고 한다.

뇌손상을 입은 이후, 자기 주변의 사람들이 사실은 똑같은 모양새를 하고 있는 가짜들이라고 믿는 증세를 보이는 경우가 있다. 이러한 카그라스 증후군Capgras syndrome은 프랑스 정신과 의사 조셉 카그라스Joseph Capgras의 이름을 따서 만들어진 망상장애인데, 친한 친구, 배우자, 부모 등 가까운 주변 사람들이 똑같이 생긴 다른 사람으로 바뀌치기 되었다고 믿는 것이다. 가짜라고 잘못 인식하는 대상은 주변사람뿐 아니라 반려동물, 내가 사는 집, 장소 등도 포함한다. 심지어 나 자신도 진짜가 아니라고 믿기도 한다.

카그라스 증후군의 원인에 대해서는 여러 가지 설명이 있지만 뇌과학자인 라마찬드란Ramachandran 교수는 일화적 기억과 감정을 연결하는 뇌 기전에 문제가 생긴 것이라고 설명한다. 일반적으로 이 장애는 짧은 시기 동안에만 발생하고 시간이 지나면 없어지는 경우가 많다.

나를 찾아왔던 조에게 매형의 문제는 일시적인 현상이니까 걱정하지 말라고 이야기하면서 그에게 카그라스 증후군에 관한 몇 개의 논문을 보내주었다. 얼마 후에 학교에서 다시 만난 조에게 물었더니 다행히도 그 증상은 곧 없어졌다고 한다.

그러나 조의 가족들에게는 이 증상이 뇌 연결망의 일시적인 문제일 뿐이라고 객관적으로만 해석되지는 않았던 것 갔다. 이 문제로 조의 가족들은 오랫동안 관계회복에 어려움을 겪어야만 했다.

뇌의 기능 중 하나는 스스로를 인식하는 것이다. 내가 몸을 움직일 때 그것을 인식하는 감각proprioception은 내 몸이니까 저절로 알게 된다고 생각하지만 그 '저절로'인 깃 같은 감각은 엄연히 뇌 활동의 결과이다. 뇌손상으로 내 스스로의 움직임을 감지할 수 없는 경우도 있다. 내 몸의 움직임이 나라는 것을 아는 것도 특정한 뇌의 활동이다.

자아에 대한 여러 뇌과학 연구를 통해, 뇌의 내측 전두엽이 자아와 관련된 중요한 뇌 기전인 것으로 밝혀졌다. 그렇지만 자아는 나의 주변 사람들과 연결되어 있다. 카그라스 증후군은 가족이나 가까운 친구들을 가짜라고 믿는 증상이 대표적이지만, 자기 자신도 똑같이 생긴 가짜에 의해서 바꿔치기 되었다고 믿는 경우가 많다. 나에 대한 인식은 가까운 친구나 가족, 내가 속한 곳을 인식하는 것과 완전히 분리된 것이 아니다. 나 자신을 인식하는 자아도 다른 사람들과 연결되어 있는 것이다.

물리적 거리에도 계속되어야 하는 소통

나에게는 살짝 강박장애obsessive compulsive disorder가 있다. 집 밖에서는 물건을 되도록 손으로 만지지 않으려 한다. 장애라고 부를 정도는 아니지만, 나는 이 행동을 스스로 명명하기를 세균 공포증germ phobia이라 부른다.

문을 열 때는 발로 밀어서 열거나 옷소매로 싸서 연다. 아무데나 대고 기침을 하는 사람이 있으면 기겁을 하며 피한다. 남이 건드린 음식은 먹지 않으며, 음식점을 고르는 기준은 음식의 맛보다 얼마나 깨끗한가로 정한다. 하루에도 두세 번씩 샤워를 한다. 그렇지만 나름 사회성을 발휘해서 이런 행동이 겉으로 티가 나지 않도록 조심하곤 한다. 덕분에 사람들은 내 행동을 유심히 관찰하지 않는 한 나의 세균 공포증을 알아차리지 못한다.

올해 연초부터 코로나바이러스로 인한 팬데믹이 시작되었다. 그 때문에 모든 사람들이 나처럼 살아야 하는 세상이 되었다. 사회적 거리두기, 마스크 쓰기, 기침예절 지키기, 손 씻기가 모든 이들의 규범이 된 것이다. 이제 지하철에서 아무데나 기침을 하는 사람도 없다. 공식적인 자리에서 악수를 할 필요도 없다. 수시로 손을 씻고 휴대폰에 소독제를 뿌려대도 이상하게 보는 사람도 없다. 바이러스 확산을 막기 위한 규범이 나에게는 너무나 편안하다. 나도 드디어 정상적인 사람이 되었다고 좋아해도 되는 걸까.

"너무너무 좋아요! 저도 드디어 9시 수업을 들을 수 있어요!"

면담을 하러 온 한 학생은 온라인 수업 때문에 신이 났다. 온라인으로 강의가 진행되면서 이 상황에 불만인 학생들도 많지만, 반대로 비대면 수업 방식에 긍정적인 학생들도 많다. 자기 방에 앉아서 모든 수업을 들을 수 있고, 녹화된 수업의 경우엔 자신이 아는 부분은 빨리 넘어갈 수 있어서 시간낭비가 전혀 없다는 것이다. 게다가 옷 갈아입고 준비하는 시간도 필요 없기 때문에 아침 일찍 시작하는 수업도 들을 수 있게 되었다.

단지 캠퍼스 강의실까지 오고 갈 필요가 없다는 편리함 때문만은 아닌 듯하다. 온라인으로 수업을 하면서 의외로 장점이 많다는 것을 알게 된 것이다.

오랜 미국 생활을 접고 한국으로 건너 와 가장 먼저 느낀 것은 한국의 학생들이 수업시간에 말이 없다는 것이었다. 나서지 않는 것을 미덕으로 여기는 문화적 배경이라고 생각하지만 수업시간에 학생들의 반응이 없다는 것은 꽤 답답한 일이었다. 하지만 그토록 대면 수업 때마다 말이 없던 학생들도 온라인 수업의 토론에서는 적극적인 경우를 많이 보았다. 몇 명씩 조를 짜서 화상으로 토론을 하라고 하면 거의 모든 학생들이 적극적으로 참여한다.

성격을 구분하는 방법에는 여러 가지가 있지만, 가장 일반적인 구분법은 외향적인가 내성적인가로 나누는 것이다. 내성적인 사람들은 혼자 있는 것을 좋아하고 조용한 환경을 선호한다. 친구들을 사귈 때도 아주 가까운 몇 명의 사람들만 있으면 충분하다. 너무 많은 자극이 오가는 환경 속에 있으면 쉽게 지치거나 에너지가 소진되어버림을 느낀다.

외향적인 사람들은 새로운 사람과 만나기를 좋아하고 어울리는 사람이 많을수록 에너지가 솟아난다. 소수의 절친보다는 함께 어울릴 많은 친구들이 필요하다. 사람을 만나는 것을 좋아하고 사람들이 많을수록 에너지가 솟아난다. 시간이 날 때마다 새로운 경험을 찾아다니고, 삶에 활력을 줄 자극으로 가득한 환경에 있어야 힘이 난다.

내성적인 사람과 외향적인 사람은 각성수준이 다르다. 내성적인 사람들은 대뇌의 각성수준이 이미 높은 상태이기 때문에 너무 많은 외부환경은 에너지를 소진시키기 쉽다. 반대로 외향적인 사람들은 대뇌의 각성수준이 낮은 경우이기 때문에 여러 다양한 자극을 찾아서 각성수준을 높이려고 한다. 이처럼 사람은 스스로 균형을 유지하기 위해 조정하려는 항상성homeostasis을 가지고 있다.

내성적인 사람들과 외향적인 사람들은 그런 면에서 전혀 다른 환경을 추구한다. 내성적인 사람은 혼자 책을 읽거나 사색하는 시간으로써 휴식하고 에너지를 공급 받는데, 외향적인 사람들은 많은 이들이 모이는 파티 등에 참석하여 될수록 여러 사람을 만나는 것에서 큰 힘을 얻는다. 혼자 있는 시간이 많아졌을 때에도 성격에 따라 사람들의 반응은 상이하다. 나만의 시간이 많아져서 너무 좋다는 사람들이 있는 반면, 전에 없던 우울증에 시달리는 이들도 있다.

사회적 거리두기로 재택근무가 일반화되면서 많은 사람들이 또 다른 스트레스와 불안을 경험하곤 한다. 미래에 대한 불확실성, 일과 휴식이 구별되지 않는 공간에서의 일상, 그리고 더 높은 생산성에 대한 압박은 스트레스를 높이고 건강에 대한 위협으로 다가온다. 각 사람이 가지고 있을 특수한 상황에 대한 배려, 그리고 공감이 배제된 이메일과 온라인만으로의 상호작용은 불안증을 더욱 높이곤 한다.

경제위기에 그나마 직장이 있는 것이 얼마나 다행인가 하며 그냥 참고 버티라는 말도 자주 듣는다. 하지만 이 말은 정신건강의 위험을 무시한 무책임한 말이기도 하다. 사회적인 위기의 시기에도 심리적 문제에 대한 정답이 한 가지로 정해져 있는 건 결코 아니다. 문제를 묻어두는 것이 아니라 함께 나누고 대책을 찾아야 한다.

나에게는 이야기를 맛깔나게 잘 하는 의사 친구가 있다. 그 친구가 드라마에 대해 이야기하면 TV로 직접 보는 것보다 더 흥미롭다. 그런 그 친구가 자신의 직장인 병원에서 벌어지는 이야기를 들려주면 마치 드라마 〈슬기로운 의사생활〉을 직접 현실에서 체험해보는 것만 같다. 친구의 이야기가 재미있는 이유는 설명을 길게 늘어놓지 않고도 듣는 사람을 이야기 속에 자연스레 들어오게끔 유도하기 때문이다.

이야기는 다른 사람들과의 상호작용이다. 이야기를 잘하는 것은 상대방과 소통할 만한 관계가 형성되어야 하며, 상대방의 반응에 맞추어 순발력 있게 변할 수 있어야 한다. 인공지능을 장착한 로봇이 친구가 될 수 있을까?

나와 경험을 공유하고 함께 변할 수 있어야 관계가 형성될 텐데, 새로운 친구를 만든다는 것은 어려운 일이다. 인생을 응원해주는 친구들이 있다는 것은 행복한 일이다. 사회적으로 고립되는 것은 건강에도 치명적이다. 우리는 서로를 필요로 한다.

마지막 메시지

혼자 지내는 시간이 많아진 4월 어느 날 밤에 동생에게서 전화가 왔다.

"아빠 돌아가셨어. 빨리 와. 지금 빨리."

가슴이 철렁 내려앉았다. 몇 년 전부터 투병생활을 이어오던 아버지는 최근에 상태가 많이 안 좋아지셨다. 병원에 입원하고 퇴원하는 것을 몇 차례나 반복했는데, 가장 최근에 병원에 입원했을 때 어느 하룻밤 나는 아버지 곁에서 병상을 지켰다. 그때 아버지는 이런 말씀을 하셨다.

"팔십이 넘으니까 사실은 언제 죽더라도 억울하지는 않을 것 같다. 그런데 이런 생각이 든다. 내가 가족들에게 참 사랑받는구나."

그러고 보니 이보다 몇 달 전쯤 병원에 입원하셨을 때는 힘들게 병상에 누워계시면서 나에게 이렇게 말씀하셨다. 당신은 외롭지 않다고…… 그런데 그 말씀이 오히려 외롭다는 말로 들려서 눈물이 났었다. 그런데 이제는 가족들에게 사랑받는다는 생각이 드신다고 했다.

아버지는 돌아가시기 이틀 전에 나에게 카톡 메시지를 보내셨다. 요즘 코로나바이러스로 외부활동을 할 수 없으니 집에서 팔굽혀펴기를 하루에 백 개씩 하라는 주문이었다. 그게 아버지가 나에게 하신 마지막 말씀이었다. 의아했던 건 아버지는 스마트폰으로 문자를 보내는 것을 못하실 텐데 어떻게 보낼 수 있었을까 궁금했다.

장례가 끝나고 어머니를 집에 모셔다 드렸는데 거실 테이블에 메모지 하나가 놓여 있었다. 메모지에는 아버지의 글씨체로 이렇게 써 있었다.

'집에서 일해야 하는 사람은 운동 부족으로 실내운동을 꼭 해야 한다. 엎드려 팔굽혀펴기는 실내운동에 가장 적당한 운동이다. 체형의 자세를 바르게 하는 데도 좋고. 유진이는 하루에 200회 이상, 소원이는 100회 이상 매일 잊지 않고 하도록.'

아버지는 어머니에게 메모지를 주면서 내 딸과 나에게 문자로 보내달라고 부탁하셨단다. 몇 해 전 설암으로 수술을 하신 아버지는 전화로 말하는 것을 무척 힘들어하셨다. 게다가 일 년 전부터는 백혈병으로 투병하느라 집에 사람들이 방문하는 것도 삼가며 매우 조심히 지내왔다. 작은 화면을 보며 문자 보내는 것이 어려웠던 아버지는 대신 메모지에 하고픈 말씀을 쓰셨다. 말하기도 어렵고, 테크놀러지에도 익숙하지 않은 아버지는 이렇게라도 소통하기를 원하신 것이다.

팔굽혀펴기 백 개는 불가능할 것 같지만 씩씩하고 건강하게 살라는 아버지의 마지막 메시지를 떠올리며 오늘도 나는 힘을 얻는다.

주

1부　한계를 인정하면 왜 행복해질까?

1. Carstensen, Laura L.; Fung, Helene H.; Charles, Susan T., Socioemotional selectivity theory and the regulation of emotion in the second half of life, *Motivation and Emotion*, 2003, 27(2), 103-123

2. Barton, Jason J., et al., Lesions of the fusiform face area impair perception of facial configuration in prosopagnosia, *Neurology*, 2002, 58(1), 71-78

3. Dawkins, Richard, *The Selfish Gene*, Oxford University Press, 1976

4. Andreoni, James, and Miller, John H., Rational cooperation in the finitely repeated prisoner's dilemma: Experimental evidence, *The Economic Journal*, 1993, 103(418), 570-585

5. Liberman, Varda; Samuels, Steven M.; Ross, Lee, The name of the game: Predictive power of reputations versus situational labels in determining prisoner's dilemma game moves, *Personality and Social Psychology Bulletin*, 2004, 30(9), 1175-1185

6. McCabe, Kevin, et al., A functional imaging study of cooperation in two-person reciprocal exchange, *Proceedings of the National Academy of Sciences*, 2001, 98(20), 11832-11835

7. Gazzaniga, Michael S., *Human: The Science Behind What Makes Us Unique*, Harper Collins Publisher, 2008

2부　불확실함을 먹고 자라는 뇌

1. Massi, Bart; Donahue, Christopher H.; Lee, Daeyeol, Volatility facilitates value

updating in the prefrontal cortex, *Neuron*, 2018, 99(3), 598-608

2. Pinker, Steven, *How the Mind Works*, Penguin, 2003

3. Tooby, John, and Cosmides, Leda, Does beauty build adapted minds? Toward an evolutionary theory of aesthetics, fiction and the arts, *Substance*, 2001, 30, 6-27

4. Kiecolt-Glaser, Janice K., et al., Sychosocial modifiers of immunocompetence in medical students, *Psychosomatic Medicine*, 1984, 46(1), 7-14

5. Creswell, David, J., et al., Mindfulness-based stress reduction training reduces loneliness and pro-inflammatory gene expression in older adults: a small randomized controlled trial, *Brain, Behavior, and Immunity*, 2012, 26(7), 1095-1101

6. Antoni, Michael H., et al., Cognitive-behavioral stress management reverses anxiety-related leukocyte transcriptional dynamics, *Biological Psychiatry*, 2012, 71(4), 366-372

7. Fredrickson, Barbara L., et al., A functional genomic perspective on human well-being, *Proceedings of the National Academy of Sciences*, 2013, 110(33), 13684-13689

8. Laird, James D., Self-attribution of emotion: The effects of expressive behavior on the quality of emotional experience, *Journal of Personality and Social Psychology*, 1974, 29(4), 475-486

9. Dutton, Donald G., and Aron, Arthur P., Some evidence for heightened sexual attraction under conditions of high anxiety, *Journal of Personality and Social Psychology*, 1974, 30(4), 510-517

10. Elliot, Andrew J., and Niesta, Daniela, Romantic red: Red enhances men's attraction to women, *Journal of Personality and Social Psychology*, 2008, 95(5), 1150-1163

11. Schachter, Stanley, and Singer, Jerome, Cognitive, social, and physiological determinants of emotional state, *Psychological Review*, 1962, 69(5), 379-399

12. Schwarz, Norbert, and Clore, Gerald L., Mood as information: 20 years later, *Psychological Inquiry*, 2003, 14(3-4), 296-303

13. Bechara, Antoine, et al., Deciding advantageously before knowing the advantageous strategy, *Science*, 1997, 275(5304), 1293-1295

14. Damasio, Antonio, R., *Descartes' Error: Emotion, Rationality and the Human Brain*, Random House, 1994

15. Baltes, Paul B., On the incomplete architecture of human ontogeny: Selection, optimization, and compensation as foundation of developmental theory, *American*

Psychologist, 1997, 52(4), 366-380

16. Cabeza, Roberto., Hemispheric asymmetry reduction in older adults: the HAROLD model, *Psychology and Aging*, 2002, 17(1), 85-100

17. Novak, Vera, and Hajjar, Ihab, The relationship between blood pressure and cognitive function, *Nature Reviews Cardiology*, 2010, 7(12), 686-698

18. Snowdon, David, *Aging with Grace: What the Nun Study Teaches Us about Leading Longer, Healthier, and More Meaningful Lives*, Bantam, 2002

19. Wilson, Robert S., et al., Education and cognitive reserve in old age, *Neurology*, 2019, 92(10), e1041-e1050

20. Colcombe, Stanley J., et al., Aerobic exercise training increases brain volume in aging humans, *The Journals of Gerontology Series A: Biological Sciences and Medical Sciences*, 2006, 61(11), 1166-1170

21. Colcombe, Stanley, and Kramer, Arthur F., Fitness effects on the cognitive function of older adults: a meta-analytic study, *Psychological Science*, 2003, 14(2), 125-130

22. Stranahan, Alexis M., et al., Social isolation delays the positive effects of running on adult neurogenesis, *Nature Neuroscience*, 2006, 9(4), 526-533

23. Gottman, John M., *The Mathematics of Marriage: Dynamic Nonlinear Models*, MIT Press, 2005

24. Neumann, Roland, and Strack, Fritz, "Mood contagion": the automatic transfer of mood between persons, *Journal of Personality and Social Psychology*, 2000, 79(2), 211-223

3부   뇌는 춤추고 노래하고 운동하는 삶을 원한다

1. Jola, Corinne, et al., Motor simulation without motor expertise: enhanced corticospinal excitability in visually experienced dance spectators, *PloS one*, 2012, 7(3). e33343

2. Osuka, Yosuke, et al., Exercise type and activities of daily living disability in older women: An 8-year population-based cohort study, *Scandinavian Journal of Medicine & Science in Sports*, 2019, 29(3), 400-406

3. Wu, Chunxiao, et al., Effects of mind-body exercises on cognitive function in

older adults: A meta-analysis, *Journal of the American Geriatrics Society*, 2019, 67(4), 749-758

4. Burzynska, Agnieszka Z., et al., White matter integrity declined over 6-months, but dance intervention improved integrity of the fornix of older adults, *Frontiers in Aging Neuroscience*, 2017, 9, 59

5. Dieterich-Hartwell, Rebekka, Dance/movement therapy in the treatment of post traumatic stress: A reference model, *The Arts in Psychotherapy*, 2017, 54, 38-46

6. McDermott, Josh, and Hauser, Marc D., Thoughts on an empirical approach to the evolutionary origins of music, *Music Perception: An Interdisciplinary Journal*, 2006, 24(1), 111-116

7. Fitch, W. Tecumseh, The biology and evolution of music: A comparative perspective, *Cognition*, 2006, 100(1), 173-215

8. Levitin, Daniel J., and Menon, Vinod, Musical structure is processed in "language" areas of the brain: a possible role for Brodmann Area 47 in temporal coherence, *Neuroimage*, 2003, 20(4), 2142-2152

9. Schellenberg, E. Glenn, Music lessons enhance IQ, *Psychological Science*, 2004, 15(8), 511-514

10. Elbert, Thomas, et al., Increased cortical representation of the fingers of the left hand in string players, *Science*, 1995, 270(5234), 305-307

11. Donnay, Gabriel, F., et al., Neural substrates of interactive musical improvisation: an FMRI study of 'trading fours' in jazz, *PLoS one*, 2014, 9(2)

12. Gaser, Christian, and Schlaug, Gottfried, Brain structures differ between musicians and non-musicians, *Journal of Neuroscience*, 2003, 23(27), 9240-9245

13. Blood, Anne J., and Zatorre, Robert J., Intensely pleasurable responses to music correlate with activity in brain regions implicated in reward and emotion, *Proceedings of the National Academy of Sciences*, 2001, 98(20), 11818-11823

14. Olds, James, and Milner, Peter, Positive reinforcement produced by electrical stimulation of septal area and other regions of rat brain, *Journal of Comparative and Physiological Psychology*, 1954, 47(6), 419-427

15. Black, James E., et al., Learning causes synaptogenesis, whereas motor activity causes angiogenesis, in cerebellar cortex of adult rats, *Proceedings of the National Academy of Sciences*, 1990, 87(14), 5568-5572

16. Fordyce, Diana E., and Farrar, Roger P., Enhancement of spatial learning in F344

rats by physical activity and related learning-associated alterations in hippocampal and cortical cholinergic functioning, *Behavioral Brain Research*, 1991, 46(2), 123-133

17. Neeper, Shawne A., et al., Exercise and brain neurotrophins, *Nature*, 1995, 373(6510), 109

18. Van Praag, Henriette; Kempermann, Gerd; Gage, Fred H., Running increases cell proliferation and neurogenesis in the adult mouse dentate gyrus, *Nature Neuroscience*, 1999, 2(3), 266-270

19. Kramer, Arthur F., et al., Ageing, fitness and neurocognitive function, *Nature*, 1999, 400(6743), 418-419

20. Erickson, Kirk I., et al., Exercise training increases size of hippocampus and improves memory, *Proceedings of the National Academy of Sciences*, 2011, 108(7), 3017-3022

21. Boecker, Henning, et al., The runner's high: opioidergic mechanisms in the human brain, *Cerebral Cortex*, 2008, 18(11), 2523-2531

4부   사람은 죽기 전까지 발전한다

1. Singer, Tania, and Lamm, Claus, The social neuroscience of empathy, *Annals of the New York Academy of Sciences*, 2009, 1156(1), 81-96

2. Rizzolatti, Giacomo, and Craighero, Laila, Mirror neuron: a neurological approach to empathy, *In Neurobiology of Human Values*, Springer, 2005, 107-123

3. Williams, George C., *Adaptation and Natural Selection*, Princeton University, 1966

4. Wilson, David S., and Wilson, Edward O., Rethinking the theoretical foundation of sociobiology, *The Quarterly Review of Biology*, 2007, 82(4), 327-348

5. Rizzolatti, Giacomo; Fogassi, Leonard; Gallese, Vittorio, Neurophysiological mechanisms underlying the understanding and imitation of action, *Nature Reviews Neuroscience*, 2001, 2(9), 661-670

6. Meltzoff, Andrew N., and Moore, M. Keith, Imitation of facial and manual gestures by human neonates, *Science*, 1977, 198, 75-78

7. Nadel, Jacqueline, Imitation and imitation recognition. Functional use in pre-verbal infants and nonverbal children with autism, *The Imitative Mind: Development, Evolution, and Brain Bases*, 2002, 42-62

8. Chartrand, Tanya L., and Bargh, John A., The chameleon effect: the perception–behavior link and social interaction, *Journal of Personality and Social Psychology*, 1999, 76(6), 893-910

9. Field, Tiffany M., Early interactions between infants and their postpartum depressed mothers, *Infant Behavior and Development*, 1984, 7, 517-522

10. Gould, Elizabeth, et al., Neurogenesis in the neocortex of adult primates, *Science*, 1999, 286(5439), 548-552

11. Shors, Tracey J., et al., Neurogenesis in the adult is involved in the formation of trace memories, *Nature*, 2001, 410(6826), 372-376

12. Maguire, Eleanor A., et al., Navigation-related structural change in the hippocampi of taxi drivers, *Proceedings of the National Academy of Sciences*, 2000, 97(8), 4398-4403

13. Hubel, David H., and Wiesel, Torsten N., The period of susceptibility to the physiological effects of unilateral eye closure in kittens, *The Journal of Physiology*, 1970, 206(2), 419-436

14. Costandi, Moheb, *Neuroplasticity*, MIT Press, 2016

15. Duckworth, Angela, Grit: The Power of Passion and Perseverance, *Scribner*, 2016

16. Fredrickson, Barbara L., The role of positive emotions in positive psychology: The broaden-and-build theory of positive emotions, *American Psychologist*, 2001, 56(3), 218-226

변화하는 뇌

뇌는 춤추고 노래하고 운동하는 삶을 원한다

초판 1쇄 발행   2020년 10월 30일
초판 3쇄 발행   2021년 11월 15일

지은이   한소원
기획   김은수
책임편집   강희재
디자인   주수현 고영선

펴낸곳   (주)바다출판사
발행인   김인호
주소   서울시 마포구 어울마당로5길 17 5층(서교동)
전화   322-3675(편집), 322-3575(마케팅)
팩스   322-3858
E-mail   badabooks@daum.net
홈페이지   www.badabooks.co.kr

ISBN   979-11-89932-86-2 03180